创新人才培养机制研究

洪锁柱　著

吉林人民出版社

图书在版编目(CIP)数据

创新人才培养机制研究 / 洪锁柱著 . –– 长春 : 吉
林人民出版社 , 2021.11
ISBN 978–7–206–18722–3

Ⅰ . ①创… Ⅱ . ①洪… Ⅲ . ①高等学校 – 人才培养 –
培养模式 – 研究 – 中国 Ⅳ . ① G649.2

中国版本图书馆 CIP 数据核字 (2021) 第 223978 号

创新人才培养机制研究

CHUANGXIN RENCAI PEIYANG JIZHI YANJIU

著　　者：洪锁柱

责任编辑：王　丹　　　　　　　　封面设计：袁丽静

吉林人民出版社出版 发行（长春市人民大街 7548 号）　邮政编码：130022

印　　刷：石家庄汇展印刷有限公司

开　　本：710mm × 1000mm　　1/16

印　　张：10　　　　　　　　　字　　数：180 千字

标准书号：ISBN 978–7–206–18722–3

版　　次：2021 年 11 月第 1 版　　印　　次：2021 年 11 月第 1 次印刷

定　　价：59.00 元

如发现印装质量问题，影响阅读，请与印刷厂联系调换。

前　言

当前我国正处在经济转型升级的关键时期，创新人才培养机制、提高人才培养质量也随之进入一个十分重要和紧迫的阶段。近年来，特别是《国家中长期教育改革和发展规划纲要（2010～2020年）》颁布实施之后，教育部门和各大高校在创新人才培养机制方面进行了一系列探索，启动并实施了基础学科拔尖学生培养试验计划、卓越工程师教育培养计划、科教结合协同育人计划，开展了试点学院综合改革等，取得了巨大进展，积累了有益经验；但也必须看到，人才培养机制创新不够仍然是我国高等教育的突出问题。因此，必须下定决心向创新人才培养机制要质量，促推高校办出特色，争创一流。本书的创作主旨就是要创新现代高校的人才培养机制，为深化高校教育教学改革，创新应用型、复合型、技能型人才培养提供策略上的帮助。

本书首先通过对创新型人才培养的基本理论分析，构建出基于创新文化的人才培养模式，并对创新文化的人才课程体系做出了详细的阐述；其次结合高校师资队伍建设、学校科研教学工作、本科教学质量管理、高校产学研合作等方面进行创新型人才培养机制的建设；最后从多维视角下对高校的人才培养机制进行创新，重点关注了以赤峰学院人才培养为例的人才培养机制的应用实践。本书应用性较强，重点论述了高校人才培养方面的创新策略，为现代高校人才培养提出了许多可行性改革对策。

本书由赤峰学院资助出版。笔者根据自身的实践研究经验，结合相关专家学者的观点，在理论与实践中提出了许多客观及建设性的意见，以期能对高校人才培养方面的工作提供帮助。本书的撰写耗费了笔者很多的精力，感恩撰写本书过程中大家的帮助与支持。在撰写本书的过程中，笔者参考了一些专家、学者的研究成果和著作，在此表示衷心的感谢。由于时间仓促，水平有限，不足之处在所难免，恳切希望广大读者、专家批评指正。

目　录

第一章　创新型人才培养概述

第一节　创新概述

创新，是一个富于魅力的词语。自有人类以来，许多有志之士历尽千辛万苦，把一份份创新成果奉献给社会，推动了历史的前进。如果没有创新，就没有人类文明的不断进步。创新是人类最活跃、最有意义的实践活动。

一、创新的定义

"创造"与"创新"，都是指创立新的事物。在传统的农业时代和工业时代，人们往往更加认同和重视自然科学领域的发明创造，一般是指"物"或"产品"的创造。在知识经济时代，自然科学和社会科学领域的发展变革及两者之间的相互作用引起了现代人的关注。人们把人类在自然科学领域的发明创造和社会科学领域里提出的新理论、新思想、新观念、新观点、新方法等统称为创新。（注：创造与创新、创造性思维与创新思维、创造力与创新能力、创造性教育与创新教育是几对相近概念。因语言环境的不同，本书在行文中对上述概念会出现少量交叉使用现象，希望不会引起读者概念上的混乱。）

创新的内容丰富，寓意深远。它不仅是一种成果，还是一种行为，一种精神，一种事业。从普遍意义上理解，"创新就是创造前所未有的事物"。这里的"事物"是广义的，它既包括有形事物，也包括无形事物；既包括物质领域，也包括精神领域。因此，用通俗的语言来表述，凡是前人没想过、没干过的事，你想了、干了，并产生了积极的社会价值，就是创新。这意味着创新应由两部分组成：第一部分是"想"，想前人所未想，即创新设想；第二部分是"干"，干前人所未干，即实施创新。

创新有狭义和广义之分。狭义的创新是指提供新颖的、首创的、有社会价值的产物的活动，如科学上的发现、新技术的开发、新产品的研制、工作方法的改进、新工作规则的建立、新决策的制定、管理体制的改革、新的教育制度的探索、艺术形象的创作等。广义的创新是就创新者本人而言，他对某一问题的解决是否属于创新，不在于这一问题及其解决办法是否曾有人提出过，而在于对他本人来说是新颖的、前所未有的、有社会价值的，只要他是从实际情况出发提出的，包括新思想、新观念、新设计、新意图、新做法、新方法等，就可称之为创新。因此，不要把创新神秘化。

二、创新的分类

创新的涵盖面很广，按创新系统划分，主要包括理论创新、体制创新、科技创新等。创新涉及政治、经济、军事、科学、文化、教育等社会生活的各个领域，而科技创新是一切创新的基础和核心。

按创新方式划分，创新可分为发现、发明、革新和创作。发现是指经过研究探索，看到或找到前人没有看到的事物或规律，包括事物的发现或新理论的提出。重大科学发现和重大理论的提出，往往引起一个学科或整个科学的革命，如牛顿发现万有引力定律，开拓了天体物理学研究的新纪元。发明是指创制新事物，首创新的制作方法。例如，爱迪生发明灯泡，照亮了世界；珍妮发明纺织机，马克思称其为标志英国工业革命的开始。发明多是自然科学和技术领域的实践活动。革新是指对原有事物进行局部改造并有所突破。比如，在生产技术领域中，把新设计、新材料、新技术、新工艺、新设备应用到企业产品、技术、设备的更新改造上，提高产品质量，提高劳动效率和生产水平；再比如，在企业、事业和行政管理中，体制的改革、政策的调整、管理模式的更新、规章制度的修订、工作方法的改进等。创作多指文化艺术领域的作品。小说源于生活，又高于生活，通过对先进事物的赞美和对落后、丑恶现象的揭露、批判、鞭挞而教育世人。音乐创作的感染力，激发人们的情绪和力量。

从经济学角度理解，创新是从新思想的产生到产品设计、试制、生产、营销和市场化的一系列行动。在这一系列行动中，创新表现为不同参与者和机构（包括企业、政府、大学、科研机构等）之间交互作用的网络。在这个网络中，任何一个节点都可能成为创新行为实现的特定空间。对企业而言，创新不仅包括实验室的技术发明或是产品创新设计，而且还包括如何同伙伴合作，如何分配、推销产品，甚至包括如何同客户交流。

创新绝不是一项孤立的活动，任何创新都需要其他方面创新的配合，先进的体制、制度等对创新起着重大的推动作用。同时，还要看到，对任何一个人而言，不管从事什么职业，都处在创新网络的一个点上，因此只有每个人都成为创新者，才能提高整体的创新速度和创新水平。

三、创新的特点

创新有以下显著特点。

（一）新颖性

与众不同及前所未有的，这是创新最主要的特点。

（二）普遍性

创新的范围极广，在自然科学领域，所有的发现认识自然，所有的发明改造自然，都是创新。在社会科学领域，自有人类以来的家庭、国家、政府、军队、战争、宗教、艺术、法律，一直到今天我国的改革开放、承包制、股份制、全员合同制，以及企业里的公共关系、广告、市场调研方法、营销策划、企业形象战略、经营决策等都是一定意义上的创新。创新存在于人类活动的一切领域。正如我国现代著名教育家陶行知先生所说："人类社会处处是创造之地，天天是创造之时，人人是创造之人。"

（三）永恒性

创新是人类社会发展的永恒主题。人类许多活动都将随着历史的发展而消亡，唯有创新与人类相伴始终。

（四）超前性

创新是一种首创，即"第一个"，它总是超前于社会的认识，这是客观规律。创新者不能期望社会马上承认其创新成果，不要影响自己创新的积极性，而应在取得创新成果后继续创新，以自身的积极行为，克服社会认识的滞后性。

（五）社会性

创新包括创新设想与实施创新两部分。其中，实施创新离不开社会。即使是自然科学创新，也离不开社会。因为，创新的目标往往联系着一定的社会效果。这就要求自然科学工作者必须同时学习社会科学，决不能脱离社会实际。

（六）先进性

创新是新设想发展到实际和成功应用的阶段，它代表着事物的发展方向。

比如创新产品，就要在性能、功能、质量、价格等方面优于别的产品。

（七）价值性

创新为人类生活和社会发展带来了巨大价值。通过创新工艺，5 美元的铁加工成马口铁价值 10 美元，加工成针价值 3285 美元，加工成手表弹簧价值 25 万美元；泥土加工成陶瓷，两者价值不可相提并论。

（八）艰巨性

创新是一种与众不同的活动，再加上社会认识的滞后性与创新必需的社会性，创新确实是人类最艰巨的社会活动。鲁迅先生说，"第一个站起来的猴子是要给别的猴子咬死的""第一个吃螃蟹的人是勇士"，即表明了创新的艰巨性。

（九）规律性

创新方法多种多样，没有一定之规。然而从本质上讲，创新还是有规律可循的，"隔行不隔理"就是指创新的认同规律。

（十）实践性

创新是一种实践活动，从实践中来，并受实践检验，这是创新的共性。

（十一）广泛性

创新没有边界，没有禁区，没有权威，没有止境。任何创新成果都是"未完成的创新"，最好的创新只能是"下一个"。

第二节　创新型人才

创新不完全等同于取得成就，创新型人才并非局限于领袖、领导等具有影响力的社会榜样的小范围内。创新型人才可产生、存在于社会的各个领域，以不同的表现形式发挥着推动社会进步的关键作用。

一、创新型人才的内涵

一般界定的创新型人才主要指具有创新意识、创新精神、创新思维、创新能力并能够取得创新成果的人才。[①] 创新型人才的核心定义是创新。随着时代的进步，创新的概念有了更深更广的发展，同时使创新型人才也有了不同的特征和行为表现，从而使其内涵难以统一界定。本节拟从创新的目标与人才标准两方面分别进行辨析，阐述创新型人才的内涵。

（一）创新的目标

创新是指将创新意识、创新精神用于实践，利用创新思维、创新能力来取得创新成果的整个过程。该定义的重点在于创新本身，即"改变"，通过新的方式、方法获得不同于以往的、更优化的结果。因此，创新的理论目标在于求得独具差异性的、更为优化的成果。同时，获取解决问题的新方式和新方法也是创新的目标。这二者共同构成了创新目标的整体，并贯穿于创新过程的始终。

从实践的角度来看，创新具有更广泛的实践意义。一方面，创新是成果导向下的创新。创新的重点不在于思想、行动，而在于通过创新活动过程解决问题，实现目标。另一方面，创新是对准实践的创新。创新不是"无根的想象"，须对实践有引导、指导，发挥其对实践活动的实际作用。创新不只是技术手段新颖，而且是方法论切实有用；创新不仅指取得新成果，而且是能够解决实际问题，尤其是"隐于现状"或"限于常规"的问题。

明确创新目标的内涵，是创新型人才进行创新活动的前提和基础。在达到创新目标的过程中，创新能力得以发挥和培养，创新思维得以展现和形成。创新意识同创新实践相结合，共同产出创新成果，塑造创新型人才。

（二）创新型人才的标准

衡量人才的标准多种多样，如优良的教育背景、专业且高水平的奖项证书、丰富且深入的从业经历等。创新型人才一般从属于人才的范畴，人才所具备的基本素质一般都可作为创新的基础。但有些不被大多数人接受的行为，如不遵守规则、挑战权威等，有时是创新型人才同一般人才的鲜明特征。[②] 因此，创新型人才和人才的评价标准不能一概而论。

基于创新概念中对目标导向的强调，评判创新型人才应当结合其优势与成果两方面对其行为模式进行抽象总结。创新型人才有可能具有较高的智商、丰富的知识和经验，以及较好的身体心理素质等优势，更重要的是，创新型人才

① 陈文敏.创新型人才培养模式的系统分析[J].科技和产业，2011（1）：17.
② 冯芳.创新人才素质结构分析[J].中国电力教育，2012（16）：9.

一定有发现问题的独特视角和能力，能够充分发挥其自身优势，并将其应用于解决问题的过程之中的行为模式。对于创新型人才来说，智商、知识或经验等并非解决问题的捷径，而是打破常规经验、思维，综合利用知识、逻辑等解决问题的基础。如图 1-1 所示。

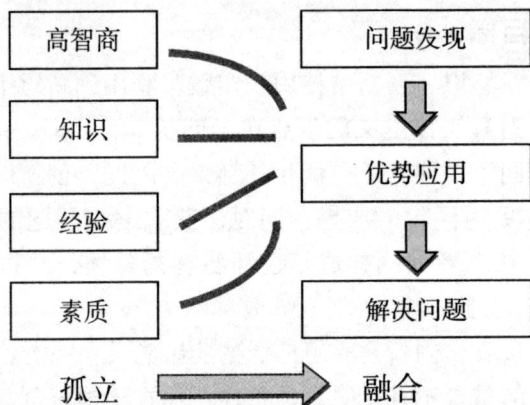

图 1-1　创新型人才的一般行为模式

基于所述，现对创新型人才进行如下定义：创新型人才是指在具备一般人才基本素养的基础上，具有发现问题、发挥自身优势的能力，并能在实践中综合利用、不断超越，从而解决问题取得创新成果的人。

二、创新型人才的行为分析

创新型人才的产生与所处的环境条件、所要解决的问题密切相关。因此，创新型人才在不同情况下表现出不同的特质，具有个体差异性。但从创新型人才的内在品格、共性特征与行为表现的关系分析可知，创新型人才的潜在本质是自身优势驱动。理解创新型人才的内在优势与行为表现的联系可以在创新型人才的培养过程中加以借鉴。如图 1-2 所示。

环境条件

性格

思维

发现问题

注意细节

不断学习

创造需求

改进现状

内在优势
驱动

行为表现

外部结果

品质

经历

智力

理性思维

人格健全

坚持不懈

意志胜利

知识组合

替代创新

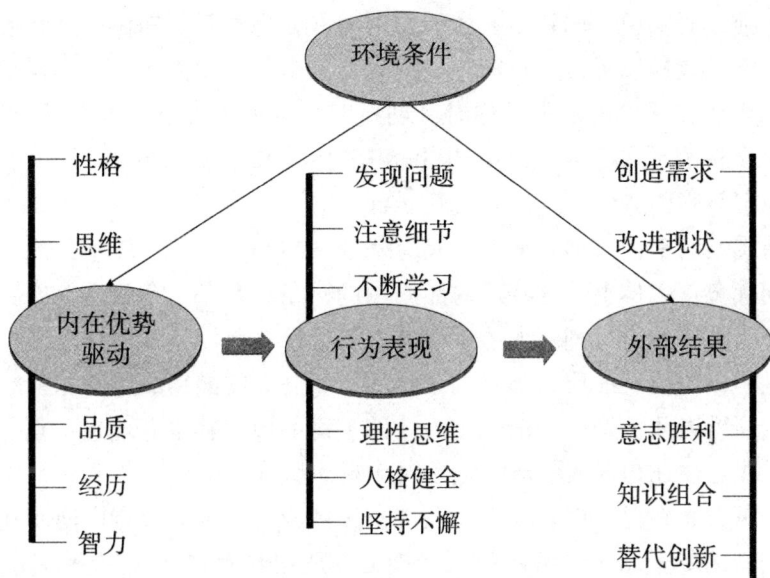

图 1-2　创新型人才的行为分析

创新行为首先受到内在优势和环境条件的影响，其次利用内在优势的组合形成有效的创新行为，接着才能根据问题做出有效反应，最终解决问题。创新型人才在各个环节的表现和要求都以问题为导向，因此创新型人才的优势和结果都离不开所处环境条件的限制。下面分别对创新型人才的内在优势和外部创新模式进行说明。

（一）内在优势驱动

创新型人才的内在优势可表现在性格、思维、品质、经历、智力等不同方面驱动因素的组合，每个因素又有一定的相对优势范围。

从性格来说，创新型人才可能外向好动或者内向沉默，前者一般在人际关系方面具有优势，后者则一般善于钻研；但在不同的环境条件下，两种性格优势可能导致行为表现相反。而好奇心、求知欲和怀疑精神是内敛于创新型人才性格之中，推动创新成果出现必不可少的内在优势。古人云："学贵知疑，小疑则小进，大疑则大进。"建立在仔细观察和深刻思考基础上的怀疑精神，是对好奇心的进一步推进。这种怀疑精神愈深刻、愈有力，对探索的目标就愈清楚。[1]

---

① 吴贵生，王毅. 技术创新管理 [M].北京：清华大学出版社，2013：36.

从思维方面来说，创新型人才的思维通常较为宽阔，知识、经验的整合能力强，善于系统地思考、分析问题。但也有许多创新型人才专注于较窄的特定领域，深入研究并取得成就。同时，创新型人才思维必不可少的一点是灵活，尤其是跳跃的思维易于灵感的产生和新想法同常规思维的碰撞，而不墨守成规、推陈出新等创造性思维最能激发创新。

从品质方面来说，创新型人才具有坚韧、耐心、勤劳、敏感、追求新鲜事物等不同优势。大体上，这些优秀品质中的一条或几条，会凸显在创新型人才身上。更为重要的是，创新人才不仅具有创造性、灵活性和多样性的本质和特点，而且积极的情感品质、顽强的意志品质、高尚的品德品质和完善的个性品质等是创新型人才区别于一般优秀人才的关键品质，其中有理想、有抱负、有强烈的进取心往往是促成创新的优秀内部驱动品质。

从经历方面来说，创新型人才在某一领域或某一方面拥有广博而扎实的知识，有较高的专业水平，解决问题的能力一般出自对现状或知识的深入理解，在过程中表现出优良的协调、合作的能力，具有良好的道德修养，能够与他人合作或共处。

从智力方面来说，创新型人才一般具有较高智商，也就是说具有很强的自我学习与探索的能力。这里的智力也包含其所掌握的技能。注意力集中、想象力丰富及逻辑跳跃，同时信息整合能力卓越，都是从智力方面来讨论驱动创新人才的内部优势。[①]

（二）外部创新模式

创新模式是创新型人才在已有的知识经验的基础上，在所处的外部环境中对于所面临问题的现状进行分析，从而表现出一定的外部结果。具体包括创造需求、改进现状、意志胜利、知识组合、替代创新等不同模式。

创造需求模式是指创新型人才在现有物品、技术等需求之外，充分挖掘社会群体的潜在需求，创造性地开发新技术或制造新产品并获得较为广泛的认可和应用的相关创新活动。创造需求的关键是挖掘需求，同时捕捉新的需求。可以通过寻求不同个性和爱好的不同需求，不同层次的人的不同需求，特殊人群的特殊需求等方法、思路来创造、挖掘新的需求。

改进现状模式是指创新型人才在现有物品、技术的基础之上进行外观、功能、生产效率等方面的改进，以达到使用者的期望或在同类产品、技术中脱颖

---

① 张雅绮，王安国．关于培养高素质创新型人才的思考 [J]．中国电子教育，2006（2）：29.

而出的相关创新活动。例如，智能型手机与传统手机的功能、外观等相比差异巨大。除了物品、技术的改进，基于服务角色的演变，服务在制造企业的价值链中变得越来越重要。以前，制造企业的价值链创造大多来自生产过程；现在，增加值主要来自技术进步、风格特性、产品形象以及其他由服务创造的属性。

意志胜利模式是指创新型人才依靠卓越、适当的自身品质以及独特的人格魅力取得预期效果的创新活动。

知识组合模式专指科学研究方面的创新活动，大多发生在大学、科研机构等单位，尤指各领域学科在前人研究成果基础之上的不断发展。

替代创新模式与改进现状模式的不同之处在于，前者的目的在于寻找替代产品或技术来实现当期目标，后者的目的在于以现有产品或技术为基础来谋求产品或技术更高的发展。

三、创新型人才行为的识别判断

通过对创新型人才行为进行识别判断，可以获知创新型人才培养所需着重培养的能力。但创新型人才的数量、行为特征和成果等受后天培养方式的影响巨大。因此，应先对国内外创新型人才培养模式进行分析，总结出中外创新型人才的差别，并以此为基础探索创新型人才的行为特征和培养方向。这里主要整体比较我国创新型人才与国外创新型人才的差异。[①]

（一）理论型人才与实践型人才

我国创新型人才的理论功底强，但实际动手能力低于国外的创新人才。中国古代产生了许多文章潇洒、才华横溢的状元，却在近代不断落后于西方工业革命后的技术发展。我国各级政府对创业的重要性认识越来越深入，出台了一系列针对创业和中小企业发展的优惠政策，方便人才融资致力于创新产品研究，以期为创新型人才搭建实践平台。

（二）专业型人才与全面型人才

从基础教育开始，我国的教材内容更翔实更复杂，学生的学习压力也较大。因此，我国创新型人才多来自物理等专业性强的学科，而西方学者在社会、经济、管理等方面建树众多。创新需要对专业领域有极高造诣，达到某一"深"度后再进一步钻研获取创新成就，而西方学生接受的培养内容较为宽泛，

---

① 史高峰.中外创新人才培养现状与比较 [J].经济研究导刊，2014（1）：45.

也有更多的机会接触实践。

（三）追求卓越与追随兴趣

思维定式和职业能力固化是创新型人才培养的极大阻力。西方国家的教育方式较为开放，英国学校的上课时间为 9：00 ～ 15：00，每堂课 25 ～ 30 分钟，课间休息 20 ～ 25 分钟，所有课程在课程安排的比重上相近。这样，学生就拥有相当大的自由空间，可根据自己的兴趣爱好选择未来的发展方向，尽可能发挥自身内在优势做自己感兴趣的事。开放的社会环境、创新的机会平台、冒险精神的鼓励都应成为我国当下人才培养需要强调的内容。

（四）统一标准与个性化评价

我国的教育体制与国外教育体制有较大不同，划定录取分数线仍然是各教育阶段升学的重要标准。而国外的升学制度一般采用学生申请，再由学校评估学生的以往表现与优势是否具有发展潜力决定是否录取的制度。不同的教育体制必然会对创新型人才的数量产生影响。将学生看作发展的、有个性差异的、具有独立意义的主体是我国应该提倡的"学生观"。人的全面发展是以承认学生的差异和个性发展为基础的。①

四、创新型人才的主要行为表现

国内外创新型人才及其培养模式的类型不同，则其内在优势也各不相同，但其组合可导致相似的一种或几种行为表现。

（一）善于发现问题

创新型人才能够在适应周围环境的同时，不局限于惯性、惯例等环境限制，积极分析环境限制的各种影响因素，科学准确地发现事物、事件等问题的本质，并要求改变。创新型人才一般不容易满足于现状并且富有远大理想，不甘于做重复、没有效率的事情，随着发现问题的解决不断推进组织、产品、技术的发展。

（二）惯用理性思维

创新型人才的主观臆断较少，通常需要确定的事实依据来做出决策或发出行动。创新型人才应具有较为严密的理性思维，准确分析、判断面临的问题。科学、理性的思维是创新的重要前提，因为创新需要打破常规思维，而新方

---

① 刘霖芳.树立以人为本的学生观[J].科技导报，2009（16）：4.

法、新手段的应用需要更为科学客观的可行性分析。

（三）专注重点，注意细节

创新型人才的分析概括能力较强，可以很快找到问题的关键点，并集中力量解决。同时，创新型人才具有敏锐的观察力，对环境变化十分敏感，能从无人关注的细节中发现事物发展走向、问题解决利器等。细节也是问题发现的重点。

（四）不断学习

大多数创新属于长期不断的改进，直至发生"质"的改变。因此，创新离不开对已有知识、经验、技能的掌握，以便根据其发展规律来进行改进或创造。创新型人才会不断学习领悟发展中的知识经验、技术理论，维持本身对该领域的了解深度。

（五）人格健全

创新型人才一般具有良好品质，如善良、坚强、耐心等。健全的人格能给人带来积极向上的心态，更容易激发创新能力。另外，健康体魄也会提高创新效率。

历史上一些伟大的发明家、创新艺术家虽然可能具有孤僻、偏执等性格特征，但均具有坚持、坚强等良好品质。[①]

与以上创新型人才行为特征相对的，是阻碍创新型人才行为发展的因素，如问题不明确，知识、经验等记忆信息不足，对所处环境的错误感知，尤其是思维定式，这些都是创新型人才行为特征的反面特征。

第三节　创新型人才的根本标志——创造力

创新能力是人才的本质特征和核心能力，创新素质是人的素质中最具价值的部分。

创造力是创造主体在创造活动中表现出来的各种能力的总和。它不是一般的能力，而是人的创新意识、创新精神、意志、个性、情感和创造思维等相关

---

① 段继红，张国民.简论创新人才品质特征[J].山西农业大学学报（社会科学版），2004（3）：10.

能力的统一与结合。

一、创新精神

创新型人才与普通人的最大差别就在于有无创新精神。创新精神是指创新者对创新的认识和态度、创新观念、创新意识、创新欲望等。

虽然创新不是天才的专利，创新能力人皆有之，但也绝非唾手可得，而要以坚持不懈的拼搏和奋斗为前提。创新离不开质疑精神，许多人由于缺乏质疑精神，经常是"唯书、唯师、唯上"，所以难以取得创新成果。要立先得破，应该鼓励学生大胆质疑，摆脱传统思维方式的羁绊，为优秀人才脱颖而出创造条件。

对现有事物持科学的质疑态度，是以审视的目光、科学的态度、求真的精神进行科学探索，促使自己进行更深入的思考、分析、研究、改进和创新。

20世纪伟大的科学家爱因斯坦，以质疑和批判的眼光审视着整个人类社会和自然界。他不仅有着卓越的科学成就和杰出的科学贡献，而且在他晚年时，把质疑思维的矛头指向了西方世界弊端丛生的社会制度及其经济基础。1949年，即在他70岁那年，发表了《为什么要社会主义》的著名文章，鲜明地表示了自己对资本主义制度的厌恶，公开声明拥护社会主义。爱因斯坦这种非凡的质疑思维和科学的批判精神，以及他平凡而又高尚的伟大人格，在人类科学史上留下了不朽伟绩，也为后世开发创新思维以无穷的启迪。

有质疑精神的人对现成的事物不盲从，而是大胆发问，敢于跳出一般观念的窠臼。质疑中孕育着创新和突破。质疑是人类创新的出发点，创新常常从疑问起步。一个个不平凡的问号，为人们画出一条条创新成功的起跑线。

敢于质疑，是培育和开发创新思维的前提。发明创造的实践证明，谁敢于合理质疑、敢于率先提出问题，谁就能最先开辟一条全新的创造之路。敢于科学质疑，能使大脑处于一种探索求知的主动进取状态，使大脑的创新思维处于朝气蓬勃的旺盛活力状态。疑处有奇迹，疑处出真知，疑处有突破，敢于质疑，才有奇迹般的创新成果。

无数发明创造告诉人们：质疑是创新思维的开端，疑问突破之后往往带来创新成果，一个问号往往带来一项甚至一系列发明创造。

迷信权威是发挥创新能力的巨大障碍。1920年，著名哲学家罗素应邀来我国讲学，听讲的都是社会科学研究者。罗素提出了2+2=？的问题，台下面面相觑，无一人回答。罗素说，2+2=？没有任何附加条件，只能等于4，你们为什么不敢回答呢？因为我是有点名气的哲学家，你们就认为我提出这样的问题一定别有他意，这是迷信权威的思想在作祟。

为什么不要迷信权威。因为权威也有他的局限性。他们不可能做到无所不知，他们不可能不受环境的、知识的、情绪的、阶级的各种各样的局限。即使是伟大的天才，也不可能无所不知，无所不晓。

培根是近代科学之父，他与生理学家哈维是好朋友。当哈维向他讲起自己关于血液循环的想法时，培根认为这完全是无稽之谈。倒是美国出版家菲茨有眼力，1628 年，他支付了出版《心血循环运动论》的一切费用，出版了这本有历史意义的书。在这件事上，一个科学之父的预见性不如一位出版商。

这类预见的失误，科学史上屡见不鲜。科学家自己为科学设置阻力，自己看不到自己领域中发明、发现的巨大价值。他们这样做，不自觉地抑制了科学的发展。所以，后人和晚辈不能迷信权威。英国皇家学会会徽上铸着"不要迷信权威，人云亦云"。不迷信权威，不唯书，不唯上，只唯实，敢存疑，敢深究，彻底破除迷信权威的心理，积极主动地探索，成功是完全可能的。

二、开拓精神

"不破不立"，破字当头，立是目的。科学发明、艺术创作需要人们具有开拓精神，传统社会向现代文明的迈进也需要开拓精神。

有开拓精神的人，首先表现为有一种创新的欲望。这种欲望是一个创新活动的动力源。创新欲望的大小直接决定创新活动的启动、持续和终止情况。一个人能否采取果敢的创新探索，并保证旺盛的斗志，战胜创新活动中的各种艰难困苦，为某种目标做出坚忍不拔的努力，与创新欲望存在密切关系。

创新欲望的形成是人们对环境和自我综合估价的结果。有较强创新欲望的人具体有以下表现。

一是不满足于现状。满足现状是缺乏开拓进取精神，是心理已经衰老的表现。他们追求享受，不思努力和冒险。不满足于现状是人类不断进步的动力。汽车被发明，是因为人们不满足于行走得比马慢；飞机被发明，是因为人们不满足于鸟才能在天上飞；电视机、电冰箱、火箭、原子能等新发明的诞生，都是人类不满足于现状的结果。

不满足于现状也是个体不断进步的动力。诺贝尔不满足于炸药爆炸不受控制的现状，反复试验，大大改善了炸弹的可控性；詹天佑不满足于只有外国人在中国建筑铁路的现状，设计建造了中国第一条铁路。一个个成功者的脚印告诉我们，是他们不满足于自然、社会、人类或自我的现状，才放弃老路，毅然走上了一条创新之路的。

二是对未来充满希冀。有些不满现状的人只是满腹牢骚，只是唉声叹气，缺乏创新开拓的欲望。他们或是一味怀旧，幻想历史车轮能够倒转，或是沉溺于逆境之中，看不到光明，看不到奋起的希望，消极、无助、萎靡不振的情绪成为他们生命的主色调。只有对未来充满希冀的人，才会在满足于现状的基础上，立足于考虑如何改变现状，筹划自己将要走的道路。

三是总把创新作为最终选择。在对现状和自我做出评价的基础上，他们试图通过改革的思路来解决眼前的问题。如果相信自己的选择是正确的，他们会坚持原有的选择，即使暂时遭遇挫折，也会继续做下去。不过，从他们的行动中可以发现，他们显然从变化了的情况出发，更多地考虑是否还有新的选择。他们不信教条，喜欢用自己的头脑重新审核各种习以为常的结论，相信事实才能检验真理，改革创新常常成为他们的最终选择。

有开拓精神的人，不因循守旧，不墨守成规，敢于弃旧图新，别开生面。开拓精神强的人，有这样几个共同特点：一是想象力丰富，思考问题的空间范围较大；二是独立思考能力较强，不跟风起哄，不盲目趋同，在其他人都朝着一个方向考虑问题的时候，他们善于避开潮流，独辟蹊径，走一条与别人截然不同的路，创造出自己的市场空间；三是思维富有批判性，对热点、潮流能够冷眼旁观，作出正确的分析和评价，从而得出与众不同的结论；四是自我意识强，善于进行科学的自我认知、自我评价和自我调控。有开拓精神的人，主要表现在思维的个性化，思维个性化是创新的源泉。谁有个性，谁就能发现和创造机遇；思维没有个性，只能步人后尘，东施效颦。

三、求实精神

科学研究必须实事求是，来不得半点虚假和推想，因而教育实践中更需要培养学生的求实精神。

科学创新的求实精神就是揭示自然世界的客观运动规律，认识客观世界的本来面目。宇称守恒曾是物理学界的天经地义，然而1956年，杨振宁、李政道两位年轻人率先唱出反调，认为宇称在弱相互作用中是不守恒的。他俩的这一观点被认为是不值一提的无稽之谈，当时奥地利物理学家泡利就曾慷慨陈词，打赌他俩必败。唯有吴健雄独具慧眼，她从中看出了一条"走出宇宙丛林的幽径"。她放下手头的工作，顶着极大的压力，迅速将之付诸实践。这个后来震惊了世界物理学的实验证明了杨振宁、李政道所提出的"宇称守恒定律不能普遍适用"的理论,导致了杨振宁和李政道于1957年获得了诺贝尔物理学奖,而吴健雄也因此获得了"中国居里夫人"的美誉。

有求实精神的人,总是留心观察和深入思考,调动多种感官仔细观察事物的各方面特征。某些事物所提供的视觉信息、听觉信息、嗅觉信息、味觉信息、触觉信息,都与这些事物的性质、功能、活动规律存在一定联系,应该仔细收集,反复研究比较。要带着问题观察,在观察事物变化的基础上,就变化的原因要多问自己几个为什么,弄清是外因还是内因造成了事物发展的现状,外因与内因之间有什么联系,内外因作用的机制如何,等等。对习以为常的现象切忌熟视无睹,必须考虑这些现象在特定的试验场合有什么特殊的意义。牛顿就是从极其平凡的苹果落地现象中联想到地球引力的作用,提出万有引力定律的。

要求实,就要不怕失败。创新者在创新过程中的失败,是创新中的失败,这是悲壮的失败,是成功前的失败。为后人留下了一个醒目的路标:此处要小心!它们告诉我们,什么方法是不可行的,什么方法才可能是可行的。

四、"三为"精神

从某种角度说,一个人是否采取创新之举,能否完成创新之举,更多的是取决于其主观因素,取决于他是否"肯为""敢为"和"善为"。

(一)肯为

勤于思考、勤于行动是"肯为"的前提。某些人平时懒得思考,把思考看成一件很累的事,他们当然没什么创新构想可为。也有一些人倒是勤于用脑,但他们常常只想不讲,或者只说不做,所以有了一些创新构想,也难有相应的创新之举。

除懒散外,阻碍"肯为"的另一个常见的心理障碍是将创新看成是高不可攀的事情,以为只有伟大才能有所创新。产生凡人无创造的错误印象,与平时人们只关注牛顿、爱迪生、爱因斯坦等做出的划时代的发现,而忽视人们在生活中所做出的大量的小发明、小创新有关。如果仔细检视一下周围的环境,会发现与生活、学习密切相关的很多小事物在不断地被革新和改进,如学生所有的书包、笔盒、笔、橡皮、削笔刀等文化用品,与他们父母读书时相比已有了很大的改变,而做出这种改变的正是很多平常、甚至是默默无闻的人。破除创新的神秘感,任何人都可以成为他们中的一员。

对一些自以为聪明却总是动口不动手的人来说，还存在着一种好高骛远、贪大求全的倾向。他们总是想着大创造、大发明，不屑于考虑小问题，做一些小创新。他们没有注意到，做出过重大创新的伟人，他们的创新能力是在探索一些小问题时发展起来的。

（二）敢为

创新需要勇气。创新之举毕竟是不同于自己以往所采取的行为方式，做起来不如以往所做的那样熟练、有把握，甚至有时还冒失败的风险。有些人创新的想法并不少，但他们或是害怕失败带来的种种后果，或是害怕被人说自己是"出风头"，以至于在采取行动前总是反复斟酌、犹豫再三，最后还是退缩、放弃，成为思想上的勇士，行动上的懦夫。

做出创新之举还需要责任感、使命感。创新是一个民族进步的灵魂，是国家兴旺发达的不竭动力。把创新看成是自己义不容辞的事情，对创新探索中可能遭受的艰难困苦，要冒的风险也就能勇敢地承受下来了。

创新之举常常是利弊并存。不害怕承担责任也是做出创新之举的重要条件。年幼的司马光砸缸救友的故事我们都知道。司马光当时看到小朋友跌入水缸里，虽然想到除了叫来大人将人拖出水缸的办法外，还可以采用破缸使水离开人的办法，但如果害怕承担砸破缸、水流出来的责任，他就不能完成救人之举。

（三）善为

如果说做出创新之举取决于"敢为"，那么完成创新之举则依赖于"善为"。对创新而言，没有现成的行动模式可以参照，没有过去的经验可供利用，行为过程带有更多的不确定性，失败的风险更是大得多，因此必须注意创新行动的条件。

创新之举必须选择适当的时机，并根据进程随时调整行动的策略。注意不到创新的困难，鲁莽从事，勇而无谋，创新之举很可能以失败告终。创新之举还必须争取舆论的理解和别人的支持。一方面，舆论的理解可以使创新者对自己的创新行为充满信心，减轻标新立异引起的精神压力；另一方面，人类的创新行为已开始变得越来越复杂，越来越依赖群体的力量。别人的配合与帮助常常成为创新完成的重要因素。

第四节 创新型人才具备的能力

美好的生活是创新的需求和动力，然而它虽色彩斑斓却又变化无数，特别是在市场经济环境中，每个人都有享受美好生活的愿望和权利，但同时必须应对人生的各种机遇和挑战。只有具备较强的适应能力和良好心态的人，才能充满信心地从事最有价值、最有意义的事业和创新活动，才能拥有美好的未来。

一般来说，能力是个体顺利实现某种活动的心理条件，是直接影响活动成功和效率的个性心理特征。它包括基本能力、特殊能力、学习能力、实践能力、创造能力以及适应社会的能力。创新是指能创造出新的、独特东西的能力。

一、基本能力

基本能力也称一般能力、普通能力，是指为各类活动所必须，并对这些活动的效率有决定性影响的能力，包括人们认识一切事物都必须具备的各种能力。基本能力是其他能力形成和发展的基础，相对于特殊能力（即专门能力、职业能力）而言，基本能力一般包括观察力、注意力、记忆力和思维力。

（一）观察力

观察是有目的、有组织的知觉活动。能够正确、全面地感知事物特点的能力是观察力。观察力的重点在于能否抓住事物的特点。比如对人的察言观色能力，即通过人的语言逻辑、声音、表情、动作的变化判断其内心世界；比如对物的数、状、声、色、味、位及其蛛丝马迹变化的察觉、判别、跟踪能力，刑侦人员大都是从发现微小异常变化中发现破案线索的。科学家大都是观察力强的人，能在基于一般常识和习以为常的情况下觉察到一般人觉察不到的东西。他们对周围环境有着与常人不同的、敏锐的洞察力，他们能从平凡的事例中看出问题的症结所在。马克思就是从千百万人天天接触的商品中，发现了剩余价值规律。

观察力是创新的基本要件。微生物学家看到细菌的培养皿被空气中其他细菌污染了，一般会抱怨自己运气不好，并庆幸还没有投入太多的时间到这个培养皿上，然后把培养皿里的东西倒掉，弗莱明却不一样。1928 年弗莱明在观察葡萄球菌时，看到培养皿被一簇簇绿色霉菌污染了，正要倒掉时，突然发现原来生长茂盛的葡萄球菌缩得很小了。于是，他把这个培养皿中的液体滴了几滴到另一个长满细菌的培养皿中，三个小时后再去观察时，那里面原来茂盛的葡萄球菌也缩得很小了。由此他判断这种绿色细菌可以杀死葡萄球菌和链球菌，从而发现了青霉素。青霉素的发现使因感冒致死的死亡率降低了一半，并使弗莱明在 1945 年获得了诺贝尔生物医学奖。敏锐的观察力使他成为 20 世纪人类伟大的救星。

观察力对研究自然科学极为重要，对社会科学而言，同样是必不可少的。鲁迅就曾教导文学青年："如果要创作，第一要观察。"法国著名文学家莫泊桑曾以福楼拜为师，福楼拜要求莫泊桑到马车站去观察马匹，"马车站有许多马，你仔细观察那里的马，然后用一句话描述其中一匹马与其余几十匹马不同的地方。"就这样，莫泊桑锻炼出超人的观察力，因此他的小说以刻画人物细腻、入木三分而著称。

历史上，凡创新成功者，其观察力都比较强。例如，被誉为 19 世纪三大发现之一的生物进化论，就是建立在大量观察事实基础上的，达尔文前后花了二十余年的时间，观察收集了成千上万种生物资料，才实现了生物学上的巨大跃进；天文学家赫歇尔用望远镜进行了数千次观测，共计数了 10 万多颗恒星，于 1785 年得到天文史上第一个建立在观察基础上的银河系结构图；物理学家卢瑟福在 2.5 万张、41 万个各种基本粒子的轨迹照片中，通过敏锐的观察，发现了人工打破原子核现象。英国细菌学家弗莱明在谈到自己由于机遇而发现青霉素时，曾兴奋地说："我唯一的功劳就是没有忽视观察。"创新的历史表明，具有敏锐观察能力的人，他们在心理上始终对观察的对象保持高度的警觉，注意事物发展过程中的非常现象，善于捕捉创新的机遇。著名的俄国生理学家巴甫洛夫把"观察、观察、再观察"作为自己的座右铭，并对学生提出这样的要求："应当先学会观察。不学会观察，你就永远当不了科学家。"达尔文说："我既没有突出的理解力，也没有过人的机智，只是在觉察那些稍纵即逝的事物，并对其进行精细观察的能力上，我可能在众人之上"，并说："在事实与观察方面，我的勤奋差不多已尽了最大努力。"

（二）注意力

人们进行任何活动都需要集中注意力，才能达到预期的效果。例如，学生学习时要聚精会神，教师讲课时得排除一切干扰，工人必须毫不分心地开机器，工程师必须全神贯注地进行设计。可见，注意是一种十分普遍而又重要的心理现象。

1. 什么是注意

注意是心理活动对一定对象的指向与集中。指向性和集中性是注意的两个基本特点。

指向，就是指在某瞬间，心理活动有选择地反映一定的事物，即对反映对象的瞄准，同时离开了其余的对象。人在任何特定的时刻都可以得到围绕着自己的无数刺激，但是人只能对其中的某些刺激发生反应，这就是注意的选择性。选择有两种形式，一种是有意的，一种是无意的。选择还有不同的程度，只有被注意瞄准的事物，才能进行清晰地反映。

集中，是指心理活动对一定对象的持续反映。它不是对所反映的事物一扫而过，而是能在特定的方向上保持并深入下去，使所反映的事物达到一定的清晰、完善、深刻的程度。心理活动的集中性有两种情况：一是在同一时间内各种有关的心理活动共同集中于一定的对象，就是通常所说的"聚精会神"；二是就同一心理活动而言，不仅指向一定的对象，而且维持这种指向使心理活动不断地深入下去，即通常所说的"注视""倾听"等。与集中性相联系的是注意的强度或紧张度。心理活动指向与集中的对象处于注意的中心，这时就能被人们清楚地意识到，其余的对象有的处于"注意的边缘"，多数处于注意的范围之外，以致只能模糊地意识到或不被意识到。

注意的指向性与集中性是相互联系而又不可分割的两个特点，离开指向谈不上集中，离开集中指向也无意义。人们在任何一个有目的的活动的开始，必须首先注意。如果没有注意的参与，也就不可能产生对某种事物深刻的感知、记忆和思维，注意是保证认识过程的必备条件。同样，离开了注意，情感也就无从表现，意志行动也无法实现。

注意对人类具有十分重要的意义。人的一切工作、学习和生活都离不开注意。人的注意是在实践活动中发展起来的，并对实践活动起着重要的作用。注意使人的感受性提高、知觉清晰、思维敏锐，从而使行动及时准确。许多生产事故和车祸的发生，往往是由于注意力不集中而造成的，学生的学习活动特别需要注意的维持与组织。只有专心致志地集中注意来进行学习，才能提高学习效率，获得清晰正确的反映；相反，学习不专心，注意涣散和分心常常是学生学习成绩不良的主要原因。

2. 注意的分类

注意分为无意注意（不随意性注意），有意注意（随意注意）和有意后注意（随意后注意）三种。

无意注意是一种没有预定的目的，也不需要任何意志的努力而自发产生的注意。无意注意主要有刺激物本身的特点和对人们有直接兴趣的事物引起的。

有意注意是有预定目的，在必要时还需作一定意志努力的注意。它是受人的意识自觉调节和支配、主动地服从一定活动任务的注意。它是注意的一种高级形式。

有意注意是人们在社会生活实践中发展起来的。学习和劳动过程中总有一些使人不感兴趣而又非做不可的任务，必然有困难和单调的因素，这就要求人们把自己的注意有意识地集中并保持在一定活动上，就是在这种实践活动中发展了有意注意的能力。

有意后注意是指有预定的目的，但不需意志努力就能维持的注意。例如，一个人开始做某种工作时由于对它不熟悉或不感兴趣，往往需要一定的意志努力才能把自己的注意保持在这种工作上。经过一段时间的努力，对所从事的工作已达到熟练并运用自如，或产生了兴趣时，就不需要意志努力而仍然能继续保持注意，从而使有意注意转化为无意注意。这种注意是在有意注意基础上发生的，所以称为"有意后注意"或"后继性有意注意"。有意后注意是一种高级类型的注意，它具有高度的稳定性，是人类从事创造性活动的必要条件。

3. 注意力

注意力是人们在实践活动中自觉运用"三种注意形式"而取得有价值的效果的能力。注意力在人的创新活动中起着重要作用。科学上的发现常常带有偶然性，如果缺乏注意力品质就会一事无成。只有高度地、孜孜不倦地集中注意力进行思考，才可能产生反复观察的欲念，也才可能揭示规律，并有所创造。只有具有高度的注意力才能在观察中有所发现。法国生物学家乔治·古维叶（George Gouvier）说："天才，首先就是注意力。"乌申斯基说得更加明白："注意力是个大门，如果没有它，外部世界的所有东西都无法进入人的心灵。"

注意力是伴随整个观察、记忆、思维和想象过程的。因此，应当把对注意力的训练作为创新思维训练的内容之一。人们在观察事物、阅读材料、思考问题和汇总情况时，都应当特别重视注意力的应用和发展。

良好的注意力包括以下几点。

（1）广度大。广度大即一个人在同一时间内获得较多的观察对象的信息、数量。

（2）注意的持续时间长。这样可以观察得更深入细致。

（3）注意力集中。这有助于提高观察的主动性、准确性和全面性。

（4）注意力分配适当。注意力的分配是指同时进行两种或几种活动时，注意可以相对维持在不同的对象上。这就是日常所说的"一心二用"的问题。严格说来，一心不能二用，这因为一个人很难同时完成两件要求高度集中注意的事情。在实际生活中，却有许多活动要求人们分配自己的注意力。例如，司机开车，既要操作机器，又需要留意马路上的其他车辆、行人等。

（三）记忆力

记忆力是指储存经历过的事物、信息、知识，并能将它再现或再认识的能力，是人脑对过去经验中发生过的事物的反映。一般认为，记忆过程分为识记、保持和再现。记忆是一切智力活动和创造活动的基础。

不少研究天才的专家们认为，天才具有某种特殊基因。美国佛罗里达州州立大学的心理学家阿里克森提出了相反的看法：任何人在自己感兴趣的领域经过 10 年训练，都可以成为天才。天才的能力不是天生的，而是由于他们培养出了储存特定领域信息的强大记忆功能。人具有长期记忆的能力，并且能够刻意加大培养，这对于任何领域的天才表现，都起着关键作用。记忆是为大脑积累思维原料的过程。没有记忆，就没有思维的原料，正所谓"巧妇难为无米之炊"。世界上凡有成就的政治家、军事家、科学家、企业家，也大都是记忆力较强的人。所谓博闻强记、博学多思，都是以记忆为基础的。

每一项创新都不可能凭空产生。在创新活动之前，人的大脑不可能是一片空白。创新能力建立在人脑储存的知识、经验基础上，而任何知识的获得均依赖于记忆。英国思想家培根（Bacon）曾说："一切知识，不过记忆。"

从某种意义上说，创新是从大脑中提取储存记忆的过程，良好的记忆力是获取充分资料、快速提取和运用资料的有效保障。如果一个人的记忆力很差，能提供的信息量就少，速度也很慢，产生新设想的机会必定很少，创新的效率必然大受限制。因此，记忆力是创新不可缺少的基本条件之一。

有人说，创新灵感往往是"追求在经历、信息、记忆在蛰伏多年后的苏醒"。这话是有道理的。

创新离不开良好的记忆力，在创新活动中，应灵活巧妙地运用所获得的知识。如果固守已有的结论，把它奉为经典不敢突破，不但不会促进创造力，反而会成为开发创造力的严重阻碍。

训练记忆的方法很多，如规律记忆法、同类记忆法、联想记忆法、笔记记忆法、"重复"记忆法等，都是人们积累经历、积累信息、积累知识、积累思维原料的途径。

（四）思维力

思维俗称思考，是指人脑对客观事物本质及其内在规律性联系的概括和间接性的反映。思维力就是人认识事物的本质和规律，解决各种问题的能力。

思维能力是人类最重要的认识能力，人的思维能力越强，就越能透过各种表面现象抓住事物的实质，预见事物的发展趋势，主动地适应环境。思维能力是人的智力核心。

思维力是创造力的核心。思维力品质主要包括：思维的广阔性、思维的深刻性、思维的独立性、思维的批判性、思维的灵活性、思维的敏捷性、思维的逻辑性、思维的创造性等。

1.思维的广阔性与深刻性

思维的广阔性是指思路开阔，能从各个角度、多个方面揭露事物的联系，全面地思考问题。思维的深刻性是指能深入地思考问题，善于透过事物的表面现象抓住事物的实质，揭露事物之间的内在联系。牛顿从苹果落地，想到宏观物体之间都存在着引力。思维的广阔性与思维的深刻性是相互联系的，思维的深刻性是以思维的广阔性为基础的，没有对事物的各种属性的全面认识，就无法进行深入思考，揭示事物的本质和规律。同时，思维的广阔性又离不开思维的深刻性，没有"去粗取精，去伪存真""由表及里"的深入思考，就不能打开思路，发现事物的各种属性和联系。

2.思维的独立性和批判性

思维的独立性是指独立地发现问题，并独立地去解决问题。思维独立性强的人不会依赖于现成的结论，不盲从于别人的意见，也不会独断专行。

思维的批判性是指思考问题时不受别人暗示的影响，能严格而客观地评价、检查思维的结果，冷静地分析各种思想、各种结论的是非、利弊。

3.思维的灵活性和敏捷性

思维的灵活性是指能灵活地思考问题。它表现为能从不同角度，运用不同方法思考问题，在条件发生变化时，能随机应变，及时地改变原有计划、方案，寻找新的解决问题的途径。具有思维的灵活性的学生，能灵活自如地运用各种规则、原理和规律，将书本中的知识与自己的见解进行比较和融合，而不把书本当教条；同时能举一反三，由此及彼，善于迁移。思维的敏捷性是指思维活动迅速正确，能当机立断。思维的敏捷性与轻率迥然不同，它不仅要求思维速度快，而且要求思维的正确性高。

4.思维的逻辑性与创造性

思维的逻辑性是指思考和解决问题时，思路清晰，条理清楚，能严格遵循思维的逻辑规律。思维逻辑性强的人，能使自己的思想首尾一致，论据充分，论证合理，结论正确。

思维的创造性表现在创新活动中，求变、求异、求新的能力可以说是创新思维力的最高形式。求变，即打破"老一套"，不墨守成规；求异，即力求与众不同，标新立异；求新，即在一定人群或地域，独占先机。"三求"概括地说，就是想别人没有想到的，看别人没有看到的，做别人没有做到的。唯有"三求"，才有事业的发展和成功。

二、学习能力

学习能力是指人们在社会实践活动和人际交往中，为了适应环境，特别是为了推动社会科学发展并实现自身价值，运用语言和各种媒介，积极地、自觉地、主动地学习掌握间接知识和经验的能力。

学习能力包括三层含义。一是要有终身学习意识。在知识更新越来越快，新材料、新技术日新月异，新信息、新经验层出不穷的今天，如果不能与时俱进，及时接受新知识、新技术、新信息，就很难实现自己的设想、理想、梦想。二是要掌握新的学习手段，尽量扩大知识面。不仅要向书本学习，还要向社会学习，向自身经历学习。三是要善于学习。要结合工作实际，抓住学习重点，掌握学习要领，要能与众不同，能悟出新道理，想出新办法、新点子，要有新收获。如果不结合实际，没有学习重点，纸上谈兵，无的放矢，如果人云亦云、浮皮潦草、不求甚解、没有独立见解地学，就不可能真正学出成绩来。要把学到的知识、获得的信息、积累的经验、掌握的技能应用到实际中，不获成功，决不罢休。

高科技的发展和知识经济的崛起，不仅为人们提供了前所未有的学习机遇，也向人们敲响了不学习就要落后的警钟。美国当代管理学家彼得·德鲁克（Peter Drucker）有一句前瞻性的断言："在现代经济中，知识正成为真正的资本与财富。"面对日新月异的科技发展，日趋激烈的市场竞争，不断深化的社会变革，尤其是加入世界贸易组织之后面临的新机遇和新挑战，知识不补充不更新，是经不起"风浪"考验的，更谈不上去"远海""深海"中去闯荡，迟早将成为市场竞争的"弃儿"。

三、实践能力

人的社会实践，不仅限于生产活动这一种形式，还有其他形式，如政治生活、科学和艺术的活动。从广义上讲，人们改造社会实际生活一切领域现有状况的能力即实践能力。从狭义上讲实践能力是指人们有意识地调节自己的外部动作，以作用于外部环境的能力，如技术操作、生产劳动等。人们常说的实践能力即所谓操作能力、动手能力。

（一）发明创造离不开劳动实践，劳动实践孕育着科学家

技能型人才是生产、科研第一线的尖兵，在科技攻关、技术创新、设备更新、产品试制过程中，经常遇到各种各样的新问题，成为技术上的拦路虎。技能型人才在解决实际问题中发挥着重要作用。

（二）个人成长依赖于劳动实践，实践能力在劳动实践中提高

劳动实践是专属于人和人类社会的范畴。马克思说："任何一个民族，如果停止劳动，不用说一年，就是几个星期，也要灭亡，这是每一个小孩都知道的。"包括体力劳动在内的一切劳动推动了人类历史的发展，劳动创造了价值、创造了世界，劳动也创造了人类本身。人类通过劳动能够促进智力和身体的发展。在劳动中，通过观察客观世界，运用所学习的知识和技能，使智力和体力同时活动起来，从而使两者都得到提高。国外的研究表明，那些与此相反，未经动手实践的人，思维和想象往往不深刻，或脱离实际，或苍白无力，这也是不会动手的书呆子成不了发明家的根本原因。

创造活动本身需要动手操作，人的个体成长也需要劳动和操作。人们在动手做事情的过程中，不仅能提高做事能力，更重要的是能刺激思维能力的发展。因为手的神经与大脑中枢神经直接相连，手的动作是在脑的活动支配下进行的，"动手"是观察、注意、记忆、想象、思维、言语等能力的综合运用过程；同时，手的动作又刺激脑的活动支配能力，促进以上诸能力的发展。因此，对手的刺激也就是对头脑的刺激。动手是日常生活中的头脑体操，手的活动越灵活，头脑越灵活，"心灵手巧"二者总是连在一起，相互促进的。从一个人的成长和发展过程看，除了必要的知识外，不可忽略一个既简便易行，又可以促进全面发展的环节——动手做事。

（三）如何培养劳动实践能力

在社会实践中增强动手能力是提高实践能力的核心。能否进行创造性的劳

动，能否既会动脑又能动手，是衡量一个人实践能力高低的标志。实践能力的高低，并不完全取决于使用的工具、仪器或设备的现代化程度，而主要取决于在从事该项劳动时，手脑配合的难易程度及是否需要发挥创造能力。

1. 树立劳动光荣的意识

当马克思的女儿问世界上什么是光荣时，他坚定地说："劳动最光荣。"在我们的社会里，劳动只有分工不同，没有高低贵贱之分。各种形式的劳动，不管是体力劳动还是脑力劳动，是生产性劳动还是非生产性劳动，是简单劳动还是复杂劳动，都是光荣的，受人尊重的。必须克服轻视体力劳动、看不起劳动人民的旧观念、旧意识。为实现中华民族的伟大复兴，应从小树立劳动光荣的意识，并且能够在劳动实践中体会其中的幸福和喜悦。通过劳动实践，能培养热爱劳动、艰苦朴素的品德，防止滋生好逸恶劳，怕苦怕累的思想，使德智体美劳等得到全面发展。

2. 养成自觉劳动的习惯

"社会缺少了你的那份劳动，社会还是那个社会；你若缺少了你应付出的那份劳动，你就不是应该的你了。"人们不仅要树立劳动光荣的意识，还要养成自觉的劳动习惯。

（1）自己的事情自己做，从学会料理自己的生活开始。要积极从事自我服务性劳动，要有自立自强，用自己的双手创造美好生活的自觉意识，而不是时时处处依赖他人。通过自我服务性劳动，可以提高动手能力，从而诱发热爱劳动的心理。

（2）积极参加各种公益性劳动。对于青年学生来说，虽然他们的主要任务是学习，但适宜的劳动实践机会不能缺失，可适当参加清扫卫生、校园建设以及社会公益性劳动。对于普通大众来说，通过参与公益性劳动，可以培养集体观念和社会责任感。

3. 养成珍惜劳动成果的好作风

一切物质和精神财富都是劳动人民辛勤劳动的结晶，珍惜劳动成果也是尊重劳动人民的一种重要表现。许多新的社会科学和自然科学的成果，都是在吸取前人劳动成果的基础上产生的，一个人要想有所作为，则必须在前人劳动成果的基础上，不断开拓，不断创新，并且要坚持勤俭节约的原则，克服盲目攀比的错误心理，以主人翁的态度保护国家、集体的公共财产。

4. 学习一些实用技术

人们可以根据自己的兴趣爱好和特点，学习一些实用的物质生产技术，如电子制作、木制品的初步设计加工、小型电动机的安装和使用，以及生活技能，包括裁剪与缝纫、花卉栽培、小电器的维修等，具备从事简单生产和美化生活的能力，有利于培养人的技术思维和创新能力，有利于提高动手能力，也有利于进一步学习技术，从而全面提高劳动技能素质。

现代生产尤其重视劳动者的体力和脑力在更高水平下得到全面发展，现代科学技术的迅速发展，各种工作岗位的技术难度和复杂性不断增强，一些新兴的职业更需要劳动者具有较高的素质，特别是劳动技能素质，否则在现代社会中是无法更好地生存和发展。既有丰富科学知识又有较强动手能力的人，才是社会所欢迎的人才。

四、适应（社会）能力

一个人从校园走向社会，是一个角色转变的过程。人的一生，是一个不断地从一个角色转变为另一个角色的过程，也是一个不断融入社会、适应社会的过程。人的一生要活跃在社会的大舞台上，展现自己的才能，社会适应能力显得格外重要。

（一）择业能力

每个人在一生中都会经历许多选择。选择是人的一生中至关重要的关口，特别是对工作的选择十分重要。在选择的时候，要根据自身条件，用长远的眼光、全局的眼光、科学的眼光去认真把握。

1.根据兴趣选择

有人说，工作是安身之本，是一生的事业；爱好是一生的追求，一生的快乐。如果一个人能把学业和事业的选择与兴趣结合起来，兴趣赋予学业、事业动力，学业、事业成为追求的兴趣，则一生其乐无穷。

2.根据发展空间选择

对于未来职业的选择，要充分考虑社会需要、发展空间、市场份额、机遇等各方面因素。

3.把握时机选择

时机是指在一个时期内，客观条件为某种事物或某项事业的发展造成的最好的机会。有心人能够敏锐地发现这个机会，抓住这个机会，来发展自己的事业，并把这种事业可能发展成自己的职业。

4.根据自身条件选择

在选择时，还要考虑自身的条件和长处，特别是要了解自己的潜能，选择能够充分发挥自己特长的职业。

5.扩大选择视野

一个人选择事业的视野越宽，事业发展的空间也就越大。

（二）竞争与合作能力

竞争能力是一个人综合能力的体现。创新能力无疑是竞争能力的核心能力，但竞争能力又常常表现为一种精神、一种意志、一种心态和一种处事的方法或生存艺术。这里所讲的竞争能力，首先是一种健康的竞争心态，它是一个人在市场经济条件下，参与公平、公正、公开竞争的重要素质。

只有具备良好的心态，既懂得竞争又懂得超脱的人才会成功。青少年从小就应该懂得这个道理。竞争与合作是一对双胞胎。在市场经济条件下，竞争绝不是单打独斗，竞争创新与合作双赢结合起来才能成功。

合作能力是指创新者在创新活动中能够处理好各种关系，扮演适当角色，发挥协调共进作用的能力。这种能力使各种专门人才能够聚集到一起，为实现共同的目的而协同工作。

随着科学的发展，创新越来越需要发挥群体智慧。知识总量的增加，使每个人只能成为某一方面的专家，很难成为门门精通的通才。而现代的创新项目总体趋于综合、复杂，单凭一个人的力量很难完成一个大创新。因为一个人的智慧是有限的，而群体的智慧是无限的。同样，没有一个创新者是完善的，但一个群体却可以是完美的，正所谓集思才能广益。在一个复杂的创新活动中，不可避免会遇到许多困难、挫折，而在一个良好的创新合作群体中，大家目标一致，心理相容，彼此互相鼓励，就能形成克服困难的心理支柱，增强克服困难的信心和勇气。同时，随着创新规模的越来越大，一些重大的课题具有广博性、多结构性、多科学性和综合性的特点，任何一个国家也不可能在全部科技领域处于全面领先地位，靠自己的力量解决全部问题。因此，当代的创新活动在客观上要求国际上的合作与开发。实际上，马克思早就指出，"今人的合作"是科学发展的条件之一。

（三）职业能力

要想在职业生涯中获得成功，仅有才华是不够的，还需要明了在职场上特有的一些不成文的规范，如道德的修养、人情的练达、行为的文明、意识的理智等。这些东西无影无形，既属于智慧范畴，又属于情感范畴。

（四）表达能力

语言是人们进行交流的主要工具，运用语言来表达自己思想和观点的能力即是表达力。出色的表达力是建立良好人际关系的重要途径，是连接人与人之间思想感情的桥梁。

语言就是力量，《纽约时报》前任总编辑做简短的辞职讲话时，三分钟就让编辑们掉泪甚至哭出声来。然而，演讲能力并不只是政府官员、主持人或CEO们的"专利"，应聘求职者、商品推销员、小项目的组织者，乃至对上报告工作、向下布置任务，都需要演讲技能，缺乏这一技能会失去很多成功机会。

常有人说，"我这个人，笨嘴拙舌，不会说话"，却不以为这是多大的缺憾。其实，这种想法是错误的。如今的社会是个信息社会，信息的作用越来越大。一项工作常常需要多人合作、多个信息的综合。语言是最普遍、最方便，也是最直接的传递方式。语言能力强，双方就能顺利而准确地接受和理解信息，也能顺利地沟通；语言能力弱，就不能很好地把信息传递给对方，沟通会因此出现中断，甚至中止，导致失败。若想在社会上进退自如，不仅要有新的思想和见解，而且还要能在别人面前很好地表达出来。

所以，不管你天资多么聪颖，接受过多么高深的教育，穿上多么漂亮的衣服，拥有多么雄厚的资产，如果你无法得体恰当地表达自己的思想，你仍旧可能一败涂地。而要想在各种各样的人际交往中，在社会中如鱼得水，达到双赢，就必须培养自己的表达能力，只有这样才能打开人与人之间沟通的大门，彼此的心灵才能碰撞产生共鸣。

五、运作能力

所谓运作能力，就是实现能力，是指当事人在创新成果（包括产品设计和工作设想）的实现过程中所表现出来的动脑筋、想办法、身体力行并加以实现的能力。由于创新的社会性、超前性和艰巨性等特点，创新的当事人要实现其成果（包括新设想、工作思路等）的社会价值最大化，绝非一个人所能完成的，需要做周围的人（包括亲朋、好友、同事及一切为实现创新价值有关的人）的工作，争得他们的认可、帮助和支持，才能使创新成果（包括产品设计和工作设想）推向社会，或由无形变为有形，实现创新成果的社会价值和经济价值。

其实，运作是为实现某种创新动机，采取多种方法，对原来熟悉或不熟悉的相关人员，或看似不相关但可以借用的力量，通过各种渠道和方法整合，争取他们的同情、认可、支持、帮助（包括人、财、物、智慧、参谋意见、舆论宣传等），从而使创新成果（包括新的工作设想、新产品设计）实现社会价值、经济价值最大化的过程。

运作，以选择价值最大化为最佳目标。当最佳目标不能实现时，可以退而求其次；退而求其次不能实现时，还可退而求再次。运作，也可从较易实现的最低创新动机、目标做起，逐步扩大其运作成果，直至最佳目标。总之，要以实现当事人的创新动机为运作的最终选择。通过运作，只要实现了创新动机，就是成功。

第二章 基于创新文化的人才培养模式构建

第一节 创新型人才培养模式内涵与改革背景

一、创新型人才培养模式的内涵和构建原则

创新型人才培养模式是基于传统人才培养模式，运用学习型组织理论，汲取国外创新人才培养的先进经验，结合我国具体国情提出的新兴人才培养方式。这种模式既符合当前我国创新型国家构建的需要，又为日后我国高等院校人才培养模式改革提供新的方向与思路，主要目标在于培养高素质、具有创新思想、综合素质较高的新型人才。在对学生创造力与实践动手能力的培养方面，构建的主要原则在于能够因材施教，让学生的个性得到更好地释放。构建这种模式，既要考虑到培养的创新人才对于我国经济社会整体的发展诉求，同时要很好地尊重学生的发展个性，不打压个性的培养，最终使学生不仅能够在综合素质上满足社会发展，同时能够使他们的能力得到充分的体现和应用。

二、创新型人才培养模式改革背景分析

目前，我国正处于小康社会和经济增长方式转型的重要时期，越是到这个时候，越能凸显出培养创新型人才和提高人们综合素质水平的重要意义和紧迫性。面对国家稳增长、调结构、促改革、惠民生政策提出的新要求，高校创新教育工作的成果仍有很大差距，主要表现在培养创新型人才的过程中，其弊端产生的不利影响非常显著。因此，各高校应加大对学生创新能力和意识的培养和引导，从全方位将学生培养成真正意义的创新型人才，并不断鼓励、引导在校生进行创新实践活动，这是学校充分适应国家经济上的转型、社会文明的进

步而做出的响应。创新人才培养模式正是基于这样的背景而提出的。

第一，创新人才培养模式是在理念论、思辨哲学和实用主义教育观的指导下，逐步形成相对健全、和谐地适应于我国人才培养要求和高等教育体制现实情况的教育理念体系。在各类型的高校和各层次的大学生群体中展开类似于知识讲座的教育指导和实践活动，有条不紊地将创新理念渗入到学生思想中。高等教育的创新理念是高等教育理念中的重要组成部分，因此它能从根本上将创新的诸多要求生动形象地呈现出来。

第二，"创新"为我国教育体制由传统向创新型人才培养模式和行为的转变明晰了思路和方案，同时助力我国高等教育目标由知识型向创业型转变。人们所主导或参与的所有活动具有一个共同的特征，即目标引领性。

设定目标时思路和层次上的差异，要求行为主体必须根据实际情况采取不同的行为方式，方能达到相应层次的目标。创新的目标是一种模式，是一个体系，创新由不同细化模块的小目标汇聚而成，最终形成创新的总目标——为了社会主义建设伟大事业和中华民族伟大复兴的使命，培养出大量的新时代创新人才，实现人力资源强国。"创新"帮助高校师生改变陈旧的思想观念，从根本上改革教育教学体制，强化培养学生创新精神、创新意识和创新能力，推进创新型人才培养的进程，切实提高我国人才的质量。

第三，"创新"解决了创新教育与专业教育"两张皮""互为孤岛"的问题。[①] 创新教育实现与专业教育的深度融合是发展的必然要求。首先，专业教育在一定程度上来说，是创新教育存在和发展的根基，因为专业教育是高等教育的基本职责，脱离专业教育的创新教育只能是舍本逐末、缘木求鱼。其次，创新教育的实施对专业教育的改革提出了新要求。高等学校应该将教育的触角从专业教育延伸至创新教育，实现创新教育与专业教育的有机融合。

第四，"创新"所体现的实践价值非常高，深度满足了学生自身和社会多元化、经济模式转型的迫切需求。大学生是社会建设和市场运行最重要的新生力量，在我国社会主义建设中也是最为活跃、最为积极的群体，因此将教育模式向创新型人才培养方向转型，有助于全方位提升大学生创新能力和综合素质，为其就业、创业提供直接的指导服务。同时，可以大大缓解高校毕业生就业压力，对于建设和谐社会和向创新型国家转型都有很重要的现实意义。

---

① 余昶.高校创新创业教育模式研究[J].学术论坛，2013，36（12）：235.

（一）"创新"与"创新 +"

就目前情况而言，大学生创新教育概念已经在整个教育体系中广泛散播开来，我国众多高校为此进行了大量改革、完善工作，包括健全创新教育组织体系、完善创新教育基础设施、开展创新教育教学与课外活动、加大创新资金支持等，也都取得一定的成效。然而，总的来说，许多高校在创新教育的实际内涵和意义方面领会还不深、不透，大多游离在"创新"的层面，即在专业教育的基础上加上一些创新的元素，这样的创新教育效果并不佳、技术含量不够。他们或者是照搬传统市场"经营—消费"的关系，将那些并没有实质性突破的创业行为，当作创新教育实施的成就；或者是将创新简单地等同于科技创新，忽略了思想和理念的创新，单纯地将创业作为理工科学生的事情。如果开展的创新教育过于形式化，脱离于专业学科之外，简单地开几门创业课、开展几场创新竞赛，这样的创新教育意义不大。

"创新 +"是立足创新教育核心内涵的一种新型人才培养模式。创新教育的本质不是缓解就业的保障，不是专为挣钱而生，也不是单纯用来判断学生综合成绩的标准，而是针对各高校的所有学生群体，为其终身持续健康发展而设立的基础性素质教育，其衡量标准不是参与创新活动的数量、取得多少创新研究成果、投入多少创业资金、完成过多少次投资项目等，这些都不能全面反映创新教育的效果。"创新 +"的深刻内涵应是构建培养社会所需要的创新型人才的教育模式，帮助学生进行思想的转变，从综合层面上透彻地进行教育教学体制改革，紧密结合人才培养、科学研究、社会服务这三个方面，真正将能力与素质的培养放在重要位置，全面提高培养具有创新素质人才的水平。

（二）"创新 +"的具体表现

1. 在培养理念上促进创新教育与专业教育在实际操作中的深度融合

创新教育与专业教育是一个有机结合体，创造思维、创新能力、创新品质、创业行为可归结为"四创"。"创新 +"作为一种极具代表性的现代化创新理念，着力进行创新与专业教育由相互独立向有机联系的重大转型，由机械式的单向知识传授过渡为对创新意识、创新能力的培养方面，摒弃以前只针对培养有创新意愿和基础的学生的教育模式，转而积极面向高校全体学生，切实加大对学生的创新精神、创业意识和创新能力的培养力度，努力打造大众创业、万众创新的生力军，稳步提升高等教育对稳增长、促改革、调结构、惠民生的贡献比例。

2.在培养目标上关注综合素质与"四创"能力的培养

"创新+"作为科技革命和全球经济一体化背景下的新型人才培养模式,以构建培养社会所需要的创新型人才的教育模式为宗旨,它能从更深层次指引教师和学生彻底改变传统的教学理念和学习思想,全面、深度融合科学研究、人才培养、社会服务的精义,实现三者的紧密联合,促进学生创新能力和综合素质水平的提升,切实加强对学生创造、创新、创业、创优"四创"素质的培养,将我国的人才培养质量提升一个档次,助力建设创新型国家目标的实现。

3.在培养过程上注重创新人才培养在具体教育环节的渗透

"创新+"是将创新教育融入专业教育的每个过程,在专业教育过程的每个环节中不断提高"创造、创新、创业、创优"的"四创"能力。

4.在研究基础上深化创新创业研究内容的跨界融合

"创新+"是跨界融合,"+"就是跨界,就是在创新的基础上开放、变革、融合,实现新的突破。敢跨界、善跨界,教育创新的基础才能更坚实;通过跨界融合使知识更丰富,创新更和谐,教育机制更加完善、智能,让创新教育到专业教育的路径更加垂直、便捷。

5.在理论背景上发挥创新创业哲学思维的指导作用

"创新+"是用创新的哲学、创新的思维引领高职教育的发展或完善提升传统教育,提高培养的人才的质量,使学生更加符合现代行业的需求。

6.在实践落实上坚持开放生态、解构重塑的模式创建

对于"创新+"来说,生态是非常重要的特征,而生态的本身就是开放的。努力建设"创新+"模式,其中至关重要的一个改革措施就是革新传统教育模式,彻底清除制约创新的教育环节,坚持以学生为根本,转变思维方式,重建教育结构,以开放、共享的心态有效地将创新教育与专业教育结合起来,提升在高等教育体系下创新型人才培养的质量。

7.在社会效应上力求多方位、多层次、多维度的辐射

"创新+"模式中"+"的方式是多种多样的,是多方位、多层次、多维度的,力求从多个角度辐射与带动多学科、各专业实现创新教育。"创新+"模式的根本出发点是将学校教育的发展方向转变为创新,让它具有带动性、开放性、包容性和战略性,为相关专业以及其他院校创新意识、创业能力扩容、升级、增值。

8.在时代要求上完善人才培养模式与经济新常态的有机结合

"创新+"是在深入贯彻创新教育思维上的人才培养机制的延伸,是一种

符合我国社会进步和经济新常态的教育制度变革的发展导向。新常态下，物联网、互联网、云计算、信息技术等已经使社会面貌发生了很大的变化，以前的经济结构、地缘结构、社会结构、文化结构已经不复存在，这些变化直接刺激了人们对知识、教育需求的转变，推动了教育模式和知识内容向着时代进步的方向发展。"+"是指模式延伸和拓展，即将创新与新常态下的人才培养及专业建设相结合，以创新型人才的培养为目标导向，以改革促发展，全面优化教育结构，提升教育质量，努力扩大我国创新型人才的拥有量，将我国建成创新型人力资源强国。

第二节 创新型人才培养模式构建

一、我国创新型人才培养模式的构建

（一）培养理念的树立

在进行人才培养的整个过程中全面贯彻"以人为本"的思想——"以学生为中心"，可以充分发挥学生的作用，提高其学习的积极性和主动性。以学生为中心，不单注重对知识的传递，还应重视培养学生自身知识体系的构建，使之成为有个性的会创新的专业人才。

（二）实践教学体系的建设

首先，由创新型人才的概念可以看出，创新型人才除了具有创新思维、创新能力，还要取得创新成果，这样才能称之为创新型人才。将一个创新的想法由设想转化为成果，对学生创新实践能力有极高的要求。其次，采用多种方式提升教师的创新思维和创新能力是培养创新型师资队伍的关键。一方面，改革与完善教师培育体系，向定向与非定向相结合，多元化、开放化培养模式方向改进，不断增强学生的实践动手能力，培养创新意识；另一方面，加强产学合作，通过顶岗实践、参与企业生产实践等方式，不断提高教师对问题的发现思维和实践创新的综合素质，大力支持学生的创新创业活动。①

---

① 梁小伊，赵振增，许纯薰.高校创新型人才培养的制约因素及对策[J].教育理论与实践，2013（27）：12.

（三）组织保障体系的构建

学习型组织主要强调在学习的过程中要拥有一个相对宽松的学习环境，能够使得整个组织的成员有很好的学习氛围，促进整体的组织学习。因此，在构建创新型人才培养模式时，应遵循"以人为本"的创新人才培养理念，不断建立和完善创新创业教育的组织管理和保障机构，积极探索新的运行机制 [1] ；不断促进信息沟通交流的广泛性，扩大受益学生的范围，提倡人人创新，并自觉加入创新队伍。

二、创新型人才培养模式的构建策略

在明确了创新型人才的内涵与改革背景之后，如何构建创新型人才培养模式，从而使学生具备这样的素质是探究创新型人才培养模式的重点。创新型人才不是"拔"出来的，而是在适宜的条件和环境下"长"出来的。[2] 培养创新型人才，就是通过提供合适的条件和平台，使用适当的方法，使其主动成长。人才培养模式是基于高等教育培养什么人和怎样培养人的大框架下，有机地将高校的人才培养目标和方式方法相结合。因此，创新型人才培养模式是以培养创新型人才为目标，提供有利于创新型人才必备素养生成的教学内容和教学方法，实施引导创新型人才发展的考试评价制度，建立适于创新型人才成长的管理机制，培养具有较强创新意识和创新能力的师资队伍等多因素相结合的框架。

（一）构建创新型人才培养的教学模式

培养创新型人才必须构建有利于学生创新思维和能力形成的教学模式，包括教学目标、教学体系结构、课程设置结构、教学方法、考评制度等多个环节的调整与革新。

1.调整教学目标和教学体系结构

创新型人才培养模式的教学目标十分明确，就是培养创新型人才，使学生具备创新型人才应具备的素质，不仅包括知识、思维等智力因素，还包括能力、个人品质等非智力因素。与以往的教学目标不同，创新型人才培养模式的教学目标较之知识更侧重于能力的培养，以及创新思维和创新性个人品质的

---

① 董晓芳，赵守国．高等院校创新型人才培养模式的改革思路 [J].科学管理研究，2017，35（1）：86.

② 梁拴荣，贾宏燕．创新型人才概念内涵新探 [J].生产力研究，2011（10）：26.

培养。以培养创新型人才为目标的教学体系，应以培养学生的创新思维为出发点，以培养学生创新能力为主线，对课程的内容体系和整体结构从知识、能力和思维三个维度重新梳理、优化。加强精品基础课程和专业核心课程建设，使学生掌握专业基础理论知识、专业技能和学科前沿信息；加大选修课比例，引导学生构建满足个人学习兴趣和符合自身特点的知识体系，促进个性化发展；革新课堂教学方法，积极探索和实践讨论式、案例式、研究式等教学方法，注重训练学生进行思考，培养学生的质疑精神、批判性思维、沟通表达能力以及团队合作能力等；加强实践教学，提升学生的实践动手能力以及分析和解决问题的能力；丰富第二课堂活动，培养学生团队合作、个人责任感、时间管理能力和主动与社会接触采集信息的能力等素质；鼓励学生积极参与志愿者活动，培养学生的社会责任感、博爱、乐于分享等素质。

2.优化课程设置结构

课程设置是依据教学目标而设定的，同时课程设置的内容和结构也影响着教学目标的实现和效果。如上所述，培养创新型人才的教学目标，在强调知识积累的基础上，更注重创新能力、创新思维和创新品质的培养。因此，课程设置应遵循有利于学生创新素养生成的原则。首先，在注重基础课程、专业基础课程、专业核心课程学习的前提下，根据院校和专业的特点以及学生的特长，实施多元化、个性化培养。其次，在专业课程设置方面，减少基础课与必修课的比例，加大选修课的比例。再次，在调整课程结构的同时，对课程内知识结构与能力结构进行优化整合。[①] 最后，开设系列创新创业类课程，以培养学生的创新能力和创业能力为核心目标，这样有利于学生形成创新精神，提升创业就业水平。

3.革新课堂教学方法

传统的教学方法以教师讲授法为主，注重知识的灌输，忽视对学生能力的培养、思维的启发，不利于培养创新型人才。以培养创新型人才为目标的课堂教学，应革新课堂教学方式，改变"教师讲，学生听"的传统教学方式，采用启发式教学法，教会学生如何学习，促进学生能力的提高和思维的形成。积极采用讨论课、对话课、演示课、实验课、作业课、情境课、演剧课、网络联合授课等灵活多样的教学形式，创建"以学生为中心"的多元化课堂，充分调动学生的学习积极性，为学生提供自由发展的平台和空间。针对本科高年级和研

---

① 郭世田.创新型人才研究探析 [J].山东社会科学，2011（9）：155.

究生阶段的学生，注重使用问题导向的研究性教学方法，以问题为核心，引导学生学会根据自身已有的成长基础和兴趣爱好，发现问题，分析问题，解决问题，生成可持续发展的探索创新能力。此外，教师还应积极运用现代高科技教学手段促进学生系统知识的学习。师生可以通过互联网进行答疑和讨论，打破教与学的时空限制；可以充分利用网络上的优秀教学资源，辅助课堂教学，提升教学效果。

4. 强化实践教学体系

由创新型人才的概念可以看出，创新型人才除了具有创新思维、创新能力，还需取得创新成果，这才能称之为创新型人才。将一个创新的想法由设想转化为成果，对学生创新实践能力有极高的要求。因此，高校必须加强教学实验、实习等实践教学体系的建设，这是提高学生实践能力和创新能力、培养创新型人才的重要环节和方法。首先，加强实验室建设，充实实验课程。实验室建设是开设实验课程的基本条件，其质量也在一定程度上影响着实验教学的效果。在完善实验室建设的基础上，高校应根据自身条件和学科特点，充实实验课程。其次，强化校内实习，鼓励社会实践。建立和完善校内外实习实践基地，保障一定学时的实践教学任务，培养学生发现问题、分析问题、解决问题的能力和创新能力。鼓励学生积极参与行业企业的生产研发项目，通过合作开发项目、顶岗实习等方式，实现学生由课堂向职业场所的转变，有利于促进学生就业。最后，提供更加开放的实践机会。鼓励学生积极参与校内外教师的学术研究项目和科研团队，在科研活动过程中，接触学科发展和行业发展前沿，通过教师指导、师生间的研究讨论和相互启发、学生间的相互协作与激发等方式，培养学生的创新能力、科研能力及团队协作能力，大力支持学生的创新创业活动。

5. 改革考试评价制度

对创新型人才的评价，不能用现有的质量标准衡量，应突出对学生创新思维、创新能力、创新个性等对创新型人才具有决定性意义的因素进行评价。创新性思维是一种求异的、批判性的思维，因此应该将学生是否学会批判性地、发散性地思考，是否能够大胆地质疑，是否敢于形成冲破传统、挑战权威的思想和观点等方面列为评价学生的内容。此外，应将学生平时的各种创新活动与创新成果纳入学业评价之中。

培养创新型人才，应多方位、全面地评估学生，遵循形成性考试与终结性考试相结合，知识考查与能力考查相结合，校内考试与社会实践、开放式学习相结合，强化评价反馈机制等原则。改变片面依赖笔试的评估模式，灵活运用讨论发言、调查报告、闭卷考试、专业论文等多种考评方式，口试、笔试、网络测试等多样形式，对学生的知识、能力、思维和个性品质进行综合评价。

（二）构建创新型人才培养的管理模式

在建立了适于创新型人才培养的教学模式的基础上，高等教育的管理机制也须做相应改进，为创新型人才培养提供良好的制度环境。这里主要讨论两种有利于创新型人才培养的管理模式：完全学分制和产学合作机制。

1. 推行完全学分制

培养创新型人才，强调"以学生为本"、个性化培养，全面推行学分制，为学生的个性化、多元化发展提供学制保障。[①]

创新型人才是个性化的人才，完全学分制正是遵循学生的个性特征，为学生提供自由发展的空间。建立和完善完全学分制，应注重以下几个方面：

（1）加强课程建设，提高选修课学分比例。开设充足、优质的选修课程，不断满足学生选课的多样化要求，是学分制的基础；提高选修课比例，给予学生更多的选课自由，且将学生的创新实践记入选修学分。充分利用网络技术和资源，将修读网络课程获得的学分纳入总学分中。

（2）提升教师教学水平。鼓励教师根据学科专业发展和社会发展需求开设新课程，支持教师开设创新教育和创业教育课程，将开课的数量和质量作为教师评价的重要因素。

（3）实行本科生导师制。加强导师对学生学业、生活上的指导，帮助学生更好地规划自己的课程体系结构，更好地成长，培养学生的自我规划能力。

（4）建立与学分制相匹配的教学管理体系，提高教学管理体系的信息化技术水平。[②]

2. 深化产学合作机制

产学合作是培养学生能力的有效途径，学生较早地参与企业的产品研发和技术创新，有利于培养学生发现问题、分析问题、解决问题的创造性实践能力。与产业合作，深入行业企业的现实发展中，为学生提供了良好的创新环境，在合作实践中发现问题，激励学生运用所学知识和技能解决问题，进而实

---

① 朱雪波.高校实施完全学分制的困境与对策研究[J].高等工程教育研究，2015（1）：114.

② 刘芸.创业教育的产学合作机制探析[J].教育发展研究，2010（11）：77.

现创新。深化产学合作、校企协同机制，促进创新型人才培养，应注重以下几个方面：

（1）明晰学校和企业合作双方的责、权、利，遵循双方目标一致、优势互补、共同发展的原则，这是保障有效合作的基础。

（2）高校应根据自身特点和需求，灵活选择适于自身发展的产学合作方式，如将"企业"办进校园，将"学校"办进企业，建立产学联盟。

（3）建立和完善政策激励、法律约束、组织协调和利益保障等制度，以支撑和保证产学合作的理念和目标的实现。

（三）建设具有较强创新意识和创新能力的师资队伍

师资队伍建设是人才培养的关键所在。一所学校的学科专业水平，除了历史积淀，主要还是取决于师资力量的支撑。培养创新型人才，就必须要具有较强创新意识和创新能力的教师对学生进行有效指导。具有较强创新能力的师资队伍，是培养创新型人才的基本保证。

1. 提升教师队伍的整体素质

提升教师队伍的整体素质，是培养创新型师资队伍的基础。教师的整体素质分为师德素质、知识素质和能力素质。

师德素质表现为有坚定的事业心，有强烈的职业责任感，有不断进取的精神。知识素质是指具有扎实的专业知识基础和合理的知识结构，包括广博的专业基础知识、专业发展的前沿知识、与专业相关的方法论、与课堂教学方法相关的知识和经验，以及教师所应具备的教育学和心理学知识。教师能力素质包括教学能力、实践能力、科研能力、创新能力和社会服务能力。教学能力是指教师组织和实施教学的能力，包括组织教学、设计教学、语言文字表达、运用先进的教学方法和现代化教学手段等多方面能力。实践能力主要表现为教师自身的实际动手能力和指导实践教学的能力。科研能力就是通过科学研究发现新知识、新技术、新方法，或者用新理论知识和技术方法指导实践的能力。创新能力是指教师在教学内容、教学方法、教学思想、科学研究、社会服务等方面推陈出新，创造新事物的能力。社会服务能力是指教师为政府、行业企业等提供知识支持或技术服务的能力。[①]

2. 建立有利于创新型人才培养的教师评价制度

要构建高校创新型人才培养机制，必须改变"重科研、轻教学"的倾向，

---

① 曾德军，柯黎. 近十年拔尖创新人才培养问题研究综述 [J]. 高等理科教育，2013（4）：8.

通过改革教师评价制度引导教师重视教学，注重创新型人才必备素质的培养。对教师的教学水平和科研水平同等评价，使教学和科研的评价统一起来。引导教师把科研成果应用于课堂教学，促使教师将研究本身转化为教学资源；给予教学成果和科研成果同等待遇，增强教师教学创新的动力；鼓励师生合作的科研计划和项目，充分发挥科学研究在培养创新型人才中的作用。将研讨式、案例式、情境式等有利于培养学生创新素质教学方法的使用及其效果等因素列为评价教师教学水平的观测点，促进教师更新课程体系，优化课程内容，改进教学方法和手段，激发学生学习兴趣和探索精神。①

第三节　基于创新文化的人才培养课程体系构建

一、课程与高校课程

（一）课程的概念

课程是以教育手段培养人的有效承载体，"课程"更是各类教育中常见的词汇，发展到现在，课程的具体含义存在着多种说法。美国学者 L.C. 鲁尔在其1973 年的博士论文中提到，当时关于课程的定义有 119 种；《国际教育百科全书》中选用了 9 种"课程"的定义。

在西方，早在 17 世纪伟大的捷克教育家夸美纽斯（Comenius）就提出"寻求并找出一种教学的方法，使教员因此可以少教，但学生可以多学"的设想。

虽然在夸美纽斯的《大教学论》中有一些关于课程概念的蛛丝马迹，但是此著作中，教育目的、教学内容、教育方法、教材和教学课堂等内容，被放到了教学论这一概念下。"教学论"一词由希腊语词源"didaskein"发展而来，字面意思是按照某个特定的方向有目的地进行跑动。进入 19 世纪，英国著名的哲学家、教育家斯宾塞（Spencer）的《什么知识最有价值》使用了"课程"一词，是英国最早出现关于课程的概念。课程（curriculum）这一新词汇的出

① 肇立春.创新型师资队伍建设是创新型人才培养的关键[J].辽宁高职学报，2009（9）：60.

处，斯宾塞把它解释为"教学内容的系统组织"。[①] 20 世纪初期，美国教育学家博比特在其出版的《课程》一书中，正式将课程作为独立概念提出，使之从教育的概念中分离出来，拥有独立意义。至此，课程这一概念才真正出现。

"课程"一词在我国的使用历史可以追溯到唐朝。唐朝孔颖达在《五经正义》里为《诗经·小雅·巧言》中"奕奕寝庙，君子作之"一句注疏："维护课程，必君子监之，乃得依法制也"，这是汉语文献中第一次出现"课程"一词。"课程"一词在宋代理学家朱熹的著作《朱子全书·论学》中也出现颇多，如"宽着期限，紧着课程""小立课程，大作功夫"。这里所说的"课程"，其含义与今天相近，指"功课"与"进程"。之前，我国一直使用"课程"一词，中华人民共和国成立初期由于受苏联影响，改用"教学计划""教学大纲"与"教材"。实际上，"教学计划""教学大纲"与"教材"是把课程的一部分进行具体化，只是从某个角度反映课程含义，具体但不全面。[②]

随着教育的发展，在我国的一些论文和著作中，"课程"一词逐渐频繁使用起来。在潘懋元主编的《新编高等教育学》中指出，课程是教学内容、教学安排和教学进程的总和。课程是学校按照自身的人才培养方案，遵循特定的逻辑建立的教学实施系统。教学计划构建了课程的主体结构；教学大纲是课程的内部框架；教材组成了课程的整个知识网络。因此，课程作为一个综合概念，包含了学校制定的教学科目、教学目的、教学内容、教学范围、教学分量和教学进程，是为学校的人才培养目标实现服务的。从这个角度来说，广义的课程是学校为实现人才培养目标而设置的所有教学学科的总和；而狭义的课程是单纯指一门学科或者是一类活动。

从课程论研究的范畴看课程的概念，泰勒在《课程与教学的基本原理》中把课程理论归纳为四个基本问题：学校应努力达到什么目标（课程目标或计划）？提供怎样的教育经验才能实现这一教育目标（课程类型、结构或内容的选择与安排）？如何有效地组织这些教育经验（课程实施或经验与体验）？如何确定这些教育目标是否达到（课程评价或结果与目标的一致性）？

虽然在课程的定义这一问题上，既缺乏广泛性的科学定义，也未形成方便人们沟通的工具性定义，但实际上，每一种课程的概念在其背后都会隐含着某

---

① 苏畅 . 创新型人才培养模式的理性追寻——以园林设计专业为例 [J]. 现代教育管理，2010（4）：82.

② 王星，郭晓，付杨林 . 基于创新型人才阶段性素质特征的培养模式研究 [J]. 科技与经济，2015（3）：85.

种哲学思想和价值理念，反映着教育者的某种意识形态和对教育的某种信念，都有其社会背景、认识论基础和方法论依据，有较强的指向性，是为解决特定历史环境中的问题设定的。

对课程含义的考察和分析，目的不在于得到一个精确的、为人们所认同的课程概念，而是在于通过对不同课程概念的理解，充分认识到不同课程定义在各自层面上的功能及要解决的问题也不同。既然课程有跑道、进程、计划、目标、活动、经验、结果、改造等含义的理解，那必然需要教育者要有规划、有起点、有阶段和有终点的一段行程，要根据学校的教育目的去规定教学目标、科目、内容、分量和进程等一系列工作，说明课程是有别于兔子在野地里漫无目的所跑过的轨迹。课程有它的起点，有希望产生累积体验效果的有规律的组合，有希望达到的终点。[1]

笔者认为，构建科学合理的适应培养创新型人才目标的高质量的课程结构体系，其"跑道"的起点的确定、各阶段要素的架构及其关联组合、终点及目标达成及其延伸，要以课程理论研究最新成果为指导，要遵循高等教育发展规律和不同阶段学生个体身心发展规律，要充分体现地方院校的办学定位和人才培养的目标定位。

（二）高校课程及课程设置

高校课程应该包括本科课程和研究生课程，前面所说的高校课程是针对本科课程而言的。从高校课程的表现形式来看，课程既可是单门课程内容体系，又可以是一类课程体系，还可以是一个专业或学校人才培养的课程体系。它是一个关于课程的系统，是一组相互关联的课程所组成的整体，虽然这种关联和整体性特征表现为不同类型，但不同的分类特征有助于理解课程在人才培养的知识、能力和素质等方面所表现出的课程之间存在着某种相互联系、相互作用、相互依存和相互制约的关系，有助于从不同的角度去研究认识高校课程的功能和作用，有助于在高等教育大众化和国家创新型人才培养发展战略实施的背景下为地方院校课程体系创新提供有价值的研究策略和改革的路径。

结合地方本科院校创新型人才的培养目标，设置适应创新型人才培养的课程应包括四个方面：①课程是阐述学校制订的教育工作计划的范围和安排的书面文件，即指计划的课程，如教学计划、课程表、教学大纲、教材等；②课程

---

① 朱晓妹，林井萍，张金玲.创新型人才的内涵与界定[J].科技管理研究，2013（1）：156.

是学生所应学习的学科总和及其进程和安排，即学科课程，如专业基础课程和专业课程；③课程是学生在教师的指导下或学生自发获得经验或体验，即经验或体验的课程，如职业模块课程、创新竞赛活动课程、素质提高课程、校本特色课程等；④课程是学校教育有意图的计划、各种要素及其展开过程或学校为实现教育目标的一切计划、过程和各资源利用的总和，即凡学校有影响的所有活动被学生纳入学习计划，并实施了学习的内容都是课程，如显性课程、隐性课程，它包含有意识领域和无意识领域的教育内容资源，因为在有意识的领域事实上蕴含了无意识的领域。

（三）课程与专业、学科的关系

"专业"在《高级汉语词典》中被描述为："①高等学校的一个系里或中等专业学校里的学业门类；②生产部门的各业务部门。"《现代汉语词典》中"专业"是指"高等学校的一个系里或中等专业学校里，根据科学分工或生产部门的分工把学业分成的门类"。《教育大辞典》中写道："'专业'译自俄文，指高等教育培养学生的各个专门领域，大体相当于《国际教育标准分类》中的课程计划（program）。"我国著名高等教育专家潘懋元指出，专业是"课程的一种组织形式"，是某一专业学习领域的一组相关课程。国内也有学者称其为"课程体系"。

在我国各大高校中展现出的是学科知识、教育结构、社会分工一体化的表现形态，其中社会分工是专业的基础所在，学科知识是专业的核心驱动力，教育结构是专业化的具体体现形式，三者发挥协同作用，缺一不可，同是高校培养人才的基本组成元素。不同类型高校根据自己的办学定位和教育部颁布的最新《学位授予和人才培养学科目录》，实施专业设置，进行结构布局，分别制定培养目标、教学计划，确定招生类型、组织教学过程、开展毕业分配等工作，为社会和市场输出更多专业化、高素质的人才；学生依据这个有条不紊地学习，进一步优化自己在某方面的特长，为未来步入社会、走向工作岗位打下坚实的基础。

在西方国家大学中基本不存在"专业"的概念，取而代之的是"课程组合"或"学习计划"。在美国高校，本科生的"专业"构成较为灵活，学校在本科教育体系中不是侧重于以学科进行划分，而是任由教师按照自己的意愿去设定，教师进行课程的整合组织，借助主修课和选修课的选择性修习，形成了学校的"专业"，将两个或多个学科的课程有机组合，可称为跨学科专业。

综上所述，专业和课程的关系可以理解为城市高楼与建筑建材间的相互关系，专业建设的质量和水平与组成专业的课程建设质量与水平息息相关，优秀的课程及其优质组合是办好一个专业的先决条件。因此，创新型人才的培养要注重课程体系的整体设计，要考虑选择哪些课程以及这些课程之间的各种关系组合对专业建设及人才培养质量的影响，要考虑不同专业间所开共同课程的纽带和桥梁作用，以实现专业与专业、专业与课程、课程与课程间的相互连接、依托与支撑，实现课程结构的整体优化和功能发挥。

（四）课程与教育、教学的关系

1.课程与教育的关系

教育是培育新一代青年能够更好适应社会生活的全过程，同时是人们充分继承和发扬社会生产经验的重要环节，着重指学校对少儿、儿童、青年的培育过程。从广义上来说，只要是能够影响知识和技能的应用及思想品质的活动，就可称为教育；而从狭义方面说，是单纯的学校教育，具体意义是学校教师根据一定的教学要求和学生需要，有计划、有目的、有组织地引导受教育者的身心向着一定方向发展，以此来培养他们进行社会交流和创造所具备的能力的活动。课程是专为完成某项教育任务而设定的教学科目的总和。通常来说，课程的特点一般都非常鲜明：它是一个含有一定步骤的完整过程，其中包含有限度有次序的活动，需要教师和学生协同参与，共同完成学习的目标；它与相关的机构相对应；它的目的性和计划性很强。课程囊括课堂授课、日常作业、社会实践等广义的课程结构体系，包括知识、能力等课程内涵。因此，要进一步理解课程的功能作用，就需要探讨教育体系中的"课程"与"教育""正规学校教育""非正规教育"之间存在什么样的关系。

当代著名教育理论家、教育家、哲学家胡德海从历史的发展观角度讨论了课程与教育的关系问题。他指出，有无目的、有无计划是教育历史两个阶段的分野，并将教育区分为自在的教育与自为的教育两种形态。所谓自在的教育是自在而在，主体都不知道他在进行教育，教育只是生活的一部分，是后来的人说那就是教育。所谓自为的教育是有目的、有计划、有组织的教育。从历史的发展观来看，最初的教育处于自在状态，到了后来才有了自为的教育。从这个意义上来说，在自在的教育阶段还不能说有课程，尽管人们对于事物是由概念来建构的，但由概念来建构事物也有一个界限，其中一个就是时间、历史的界限。不是说只要有内容、有广义的教育就有课程，自在教育阶段即便有内容也谈不上课程。

课程的发生是随自为教育的产生而产生的。课程除与教育的目的性有关之外，还与人类文化知识量的积累相关。如果文化知识很简单，量很小，就不会存在一个"程"的问题，或者说这个"程"可以忽略不计。只有复杂的东西，如学习几何学，人们无法在一节课或一天中对几何学进行掌握，因此要对几何学知识进行时间划分，先学什么，再学什么，这有一个逻辑的关系。人类不只有几何学这一种知识，还有很多的知识，这些知识在原始阶段都统统表现在人们的经验中，到后来人们用理性的方式将这些经验进行了一个类型的划分，是生产劳动的经验还是生活的经验。一门课程，在横向上是与知识类型有关的，在纵向上是与知识在人身上实现的时间过程有关的，缺少了哪一个，对课程的理解都是有缺憾的。

英国教育学家彼得斯曾经从哲学的角度切入要点，深入分析了教育是什么的问题。他提出教育活动所要遵循的三个原则，即"涉及有价值的活动，涉及培养人的认知取向，注重学习者的自发性并尊重其兴趣及学习意愿"。

教育学家巴罗也曾对教育、正规学校教育、非正规教育做出概念区分。正规学校教育在实践过程中并不是所有内容都符合教育的特性，有些例子带有非教育甚至反教育的特征。教育和正规学校教育做比较：从时间上讲，前者伴随人的一生，后者则是有一定的时间限制；从状态上讲，前者是开放共享的状态，后者结构性较强；从内容上看，前者涵盖范围广，内容全面，后者则对特定技能和知识有着较强的要求；从导向上看，前者倾向于成长导向，后者则更侧重职业导向；从具体操作上看，前者更多的是自我引导，后者则以教师引导为主；从实践环境上看，前者以多种展现形态适用于各种情形之下，而后者着重强调在学校中实现；从范围上看，前者囊括了正规和非正规的多种教育形式，覆盖全面，后者则仅局限于具有正规性的教育；从实践形式上看，前者不受拘束，后者则表现出很强的规律性和结构性。

由此可见，课程的一些本质特点虽然与自主教育、正规学校教育有着相对紧密的联系，但与教育的概念仍具有较大差别。如果接受课程与教育的目的性有关，与人类文化知识量的积累相关，是实现教育目的的途径、手段或工具的观点，那么在实践过程中，就需要认真考虑教育对各项课程的限制要求，在必须要设置和实施的课程上，避免非教育或者反教育倾向的出现。

2.课程与教学的关系

从教学论与课程论的形成与发展来看，针对课程与教学的关系这一问题，目前诸多对于课程概念的解释中，并没有产生能让大部分人都认同的比较权威的说法。教学概念定义多种多样，有相对共同倾向性的认识，即教学是一项教师的教和学生的学达成统一状态的活动。在教学的具体活动中，教师有目的、有计划地教授、传输知识和技能，学生则是主动去吸纳教师的传授，获得智力和品德的提升，双方通力合作、竭尽所能，一同完成为社会输送合格人才的使命。教学论的概念真正从教育体系中独立出来，并得到社会广泛认可的标志是1632年出版的夸美纽斯的《大教学论》一书，距离现在已经过去几百年了。但是对于课程的整体系统进行研究，并形成完整意义的理论概念则在进入20世纪之后才得以实现。通常认为，课程正式成为专门的研究领域，是以1918年美国课程专家博比特的《课程》一书的出版为标志的。可见，教学论与课程论不是并行发展的，教学论是较早从教育学中分化出来的，教学论发展得早且完善。在这之前，课程是指为教学而服务，是作为实践中的科目和表现形式存在，是教学论的钻研、探索范畴之一，即以教学论为出发点，来进行对课程内容的研究及表现形式的探索。例如，赫尔巴特提出的教学以培养学生各方面兴趣为最终目的，高校中所有的学科都需要专门设置相关科学类和文史类的课程，这是教学目标实现的有效手段。作为关系极深的两门各自独立的学科，课程论与教学论同属于教育科学领域，是两个独立的分支科学，课程是指为实现人才培养目标而进行的实践的指导，教学是指进行人才培养的实践过程；课程是为了完成教学任务而设定的具体内容，教学是实现教育目标的过程。课程理论主要探讨教育的目标和内容，教学理论主要关注达到这些目标的手段。这种基于学校教育实践视角的"目的—手段"论的阐释把二者有机地联系了一起。

杜威认为，活动计划中衍生出来的只可能是手段和目标，活动的手段和目标应该是有机结合在一起的，而不应当分开，否则该活动的意义会被大大削弱。不少学者提出过仁智之见。麦唐纳认为课程的出现相较于教学早一些，因而二者应当有明确的区分。然而，也有一部分学者在"课程"与"教学"的关系上发出不同的声音，他们认为课程与教学虽然在概念上存在着差异，但二者属于互有关系；课程与教学是互相依存的。这里之所以将课程和教学看作相互独立的概念存在，是为了方便于学术研究和讨论，然而它们在教育实践中不可能以独立的姿态自行运作。从课堂授课的层面看，课程与教学之间的联系和区别就难以区分和界定。例如，教师提前准备的教学计划会受到课堂现实情况和师生交流互动的影响而做出一定的调整和改变，这种现象是归属于课程还是教学，谁也说不清楚。就好比一杯橙汁，上面是橙沫，下面是橙汁。两者之间的口感各异，需要分开品尝，但是要想分开首先要有一个界定标准。鉴于审美的需求和食用的便利，可将两者放入同一杯子中去。你会发现，也许这个界定标准根本就不存在，橙沫和橙汁两部分本身就是你中有我、我中有你的状态，最多有一个模糊的区间，然而标准的边线永远找不到。当环境改变时，如摇动或搅动杯子，杯子中的情况瞬间就会发生改变。课程与教学的关系如同上述举例中上层橙沫和下层橙汁的关系，要根据不同的理解背景和语词环境而定。

由此，我国高校课程与教育、教学的关系，正如教育实践中许多关于课程与教育、教学的隐喻一样：课程是一幢建筑的设计图纸，教学则是具体的施工过程；课程是一场球赛的方案，教学则是球赛进行的过程；课程是一首乐谱，教学则是对这首乐谱的演奏。课程与教学"你中有我，我中有你"有机地结合在一起，才能有效实现教育目的与手段的关系，以保证教育目标的实现。这一分析结论的得出，为高校创新型人才培养课程体系的构建奠定了重要的实践基础。

课程改革是一项系统工程，正所谓"改变一个课程体系比搬迁一座坟墓还难"，因此通过课程内涵的阐述去把握课程的本质与特征有助于用历史发展观指导课程改革实践。

二、高等学校课程体系构建

高等学校课程体系构建的目的是明确高校培养人才的方向和方法。高校课程体系的目标为高校人才培养指明了方向，同时高校课程体系也为实现人才培养目标提供了途径。高校在明确人才培养目标之后，主要工作就是探索为充分完成这一目标需要开设怎样的课程以及这些课程该如何进行排列组合，也就是课程体系构建过程中的一些问题。构建课程体系应当深度结合高校人才培养目标，将其作为课程体系设计的总纲领，并在课程结构目标和各个课程分目标中对其有所体现。

（一）高等学校课程体系的概念

正如课程的概念一样，课程体系从概念上阐释，也具有复杂多元的性质。高校课程改革呈现出动态的、不可确定的形态，不同时代有着不一样的特征。面对政治思路的倾向、社会变化的需求、文化的进步和发展以及价值观念的传承与创新等环境和背景的变化，教育学做出的改变最终都是体现在课程的改变上。高校的课程体系实质上就是在培养人才目标的基础上，以所选择和制定的课程内容、教育教学活动搭建的一个教学实践系统。

高等教育课程体系改革是整个教育变革中十分重要的一个环节，课程质量的高低及结构是否科学合理是人才培养目标能否真正实现的关键因素。

我国教育家顾明远指出，课程结构有广义和狭义两种概念。从广义的角度讲，课程结构就是指构成学校整体课程的各部分的组织、排列、合作形式。其主要作用是在培养目标的指导下，安排课程的种类及课程的具体编制，着重考虑不同形式、不同内容的全面升级和优化，教学计划正是其具体的表现形态。狭义的课程结构是指学校单一课程的各组成要素间组织、排列、配合的形式。狭义概念主要用于解决单一课程的教学目的、具体内容、评价等诸多方面的问题，教材正是其具体的表现形态，主要指教学大纲和书籍。施良方认为，课程结构着重强调课程各个部门间的协调联系，即如何能有效地将课程各部分组合在一起。一般有三个形式：宏观的专业设置，微观的课程体系，微观的教材体系。

高校的人才培养在很大程度上是依赖于高等学校课程体系实施的，包括界定课程各方面的性质，将课程的计划、内容、目标、标准等诸多要素有效融合成为一个整体。在实践过程中，高等学校各专业的课程体系主要表现为以下四种比例关系。

一是基础课程、专业课程及通识教育课程之间的比例关系。基础课程是每个专业的学生都要学习的普通课程，包括政治、英语、体育、军训等。从表面上看，基础课程与专业课程并没有直接的联系，但是基础课程是专业课程的基石，更是全面培养人才的前置条件。专业课程有非常鲜明的专业特点展现倾向。通识教育课程则是为把大学生培养成全面发展的社会人和国家公民而进行的非专业性、非功利性的基本知识、技能和态度教育。通识教育课程是现代学生必须具备的知识修养，是所有大学生都应接受的教育。

二是必修课程与选修课程之间的比例关系。必修课程的目的是向学生传授本专业需要掌握和熟练应用的基础知识和技能，以保证所培养人才的质量和专业水平，而选修课程则是重点突出概念性、理论性的知识，将精华部分和重要部分展现给学生，以达到拓宽学生知识面、开阔学生眼界的目的。选修课还可以把不同专业的教学内容提供给学生，以拓展学生的知识基础，增强教学计划的灵活性。

三是理论性课程与实践性课程之间的比例关系。为将学生培养成某领域的学者专家，高等学校教学需要充分改变自身不重视基础理论和基础知识的观念，加强理论教学的比重。然而，高等教育的职业性偏向毕竟是其鲜明的特色，因此必须加强能力培养和基本技能的训练，特别是理、工、农、医各专业和师范院校要注重专业操作技能和有关现代技术的训练。

四是显性课程与隐性课程之间的比例关系。显性课程即教学计划中罗列的课程，但是存在于校园中的隐性课程，如人际关系、文化氛围等，对于学生学习热情、生活态度以及价值认知的引导和影响是非常持久和明显的。所以，各大高校在致力显性课程建设的同时，要重视隐性课程的构建。

为保证人才知识结构的合理性，必须对高等学校的课程进行优化处理。所谓课程体系的优化就是从目标出发调整课程各方面的比例，并以最后是否达到目标要求作为衡量的标准。高校课程优化不能仅停留在思辨的角度从理论或理想出发，而应进行实地调查，通过向用人单位的广泛调查和统计，确定在进行专业教学计划制订时各门课程的权重和比例，强化基础理论，强化重点学科并顾及知识面的延伸，重视学生的自学能力、思维能力、实验创新和组织管理能力的培养。在进行课程体系优化设计时，知识的重要性和知识的相关度是确定课程掌握的两条基本准则。知识的重要性和知识的相关度，都可通过向用人单位的广泛调查及模糊统计而获得。根据某一方面知识、技能的重要性的相关度确定专业教学计划中各门课程的权重。权重分层提出，课程分层设置。

（二）高等学校课程体系构建的必要性

课程体系能直接体现高校的教育目的和培养目标，在人才培养和教学质量提升过程中占据重要地位。从这个角度考虑，高等学校课程体系的改革对整体教学体制改革具有非常重要的意义。因此，高等教学改革要想获得成功，就一定要着手课程体系的改革。

其一，迎合目前我国新时代经济、社会、文化、政治等各领域全方位发展的更高要求，全方位提高人才的专业能力和综合素养。毕业生的专业实力和综合素质水平的高低，是一所高校整体实力的具体体现。如果说一个学校的专业课程体系设置和授课内容，能够在相当程度上反映该专业或学校就业领域所需人才实际达到的知识结构和能力及素质水平，那么这所学校的人才培养水平就非常高，核心竞争力很强，贴近社会需求，有能力达到社会对人才的要求。由此可以看出，一所学校的学生在毕业进入人才市场后，其受欢迎程度高低和得到的评价好坏，与其所学专业或学校的课程体系、教学内容等与社会现实需求匹配程度的高低关系巨大。高等学校的课程体系与教学内容的科学性、合理性、现实性是决定人才培养整体进程和水平的关键性因素。

其二，促进个体不断发展的需要。高等学校课程体系的制定需要着重考虑学生全面发展的可持续性，要为学生制定一套自我学习知识、发展技能、提升素质的完整体系。高等学校课程体系与教学内容就像为学生提供的一个"菜谱"，要充分考虑到社会各种需求、学生基础的差异化以及专业学科的不同而进行有针对的设定。学生可以凭自身喜好和偏爱去选择，以此来获得自己需要的、符合未来社会发展的知识和技能，并获得自主学习和较快适应社会的能力。

其三，以前的课程体系中有非常多的不合理之处，已经陈旧、落后。例如，在科学技术发展方面缺乏相应的技术把握和深入研究，课程内容十分落后；闭门学习，忽略对现实社会的关注和剖析，导致课程内容脱离社会发展的实际需求；构建课程体系时，缺乏系统的管理和深入的探索，以致出现课程内容的重复；对于整体课程系统性的研究不够，让课程繁多复杂，课程实施核心偏向于理论，应用型人才的培养相对淡化。

其四，培养创新人才的需要。高等教育身负为社会创造新世纪人才的伟大责任，国家在呼吁高校进行创新，社会需要进行创新教育，将传统教育转型为创新教育模式，向社会输出更多的高水平、高素质人才势在必行。要想全面实现创新人才培养目标，首要的就是改革课程体系。创新教育实施最重要、最普遍的渠道就是教学。教学活动包含各大高校的培养目标、培养规格、培养模式等诸多方面，课程体系作为教育目的完成的重要手段之一，在整个教育事业中占有绝对核心的地位，是教育的心脏部分。此外，课程还能将高校本身的教育思想、观念及办学的宗旨完整地呈现出来并落到实处。

其五，高校课程体系构建是实施大学生社会主义核心价值观教育的有效着陆点。社会主义核心价值观作为人类社会整体追求价值规范，具有高度的凝聚性和概括性，在教育实践上必然容易因落空而缺乏实效性。在大学生社会主义核心价值观教育过程中，要积极寻求大学生对于社会主义核心价值观教育的心理接受的切入点，将思想教育与解决学生自身的实际问题有效结合起来。①

（三）高等学校课程体系构建的理论基础和原则

任何事物的产生与发展都要以一定的理论为基础，高校课程体系的构建也不例外。心理学和教育学作为高校课程体系构建的重要理论部分，对于高校的目标制定、师生互动形式、课程内容的选择以及课程评价与实施等有着极为重要的影响。

---

① 余江舟.论大学生创新创业教育与社会主义核心价值观教育的有效融合 [J].山东农业工程学院学报，2015，32（3）：116.

1.高等学校课程体系构建的理论基础

（1）心理学基础。与其他学科相比，心理学对课程理论的影响最为直接和具体，高校课程设计及改革的过程中处处渗透着心理学的原理和取得的成就。课程理论逐渐成形壮大的过程中，出现对其影响较为深远的三大流派，即行为主义心理学、认知心理学和人本主义心理学。目前，高等学校课程体系实施大部分遵循认知心理学信息加工理论的指导，侧重关注学习者的心理过程和认知规律，同时兼具行为主义的理论基础和程序模式。多种教学思想和学习理论融合于课程体系的构建和实施过程中，并不能做到明确区分。行为主义、认知主义、建构主义、人本主义等心理学理论在不同的学习内容和学习情境中发挥着不同的指导作用，并且互有交融。

①行为主义心理学。行为主义心理学是美国心理学家华生于20世纪初创建的一个心理学流派，代表人物还有美国的桑代克、斯金纳和俄国的巴甫洛夫。行为主义心理学对课程体系构建的影响主要表现在：第一，强调分解课程目标，将整体的课程目标划分为一系列小目标，并按照一定的逻辑排列推进；第二，强调行为目标，偏向于认定只有外显行为目标才可以进行客观的量化；第三，重点强化内容由缺乏到充实的积累过程，重视单元教学；第四，教学方式侧重于基本方法训练，认为练习和强化是最为基础的行为，但是相比之下强化的作用更为突出一些；第五，主张采用多种媒介进行针对性教学。

②认知主义心理学。认知心理学是20世纪50年代中期于西方兴起的一种心理学思想观念，到70年代时已经成为西方教育心理学界的一个主攻方向。认知主义心理学以皮亚杰、布鲁纳、奥苏伯尔、加涅等人为代表。这种心理学主要研究人的高级心理过程，尤其是认知过程，如注意、知觉、表象、记忆、思维、语言等。认知心理学对课程理论的影响大多表现为对学习的理解及教学的组织上。第一，按照认知心理学的理论，学习可以理解为一种内部发展过程，其中伴随着持续的同化和顺应现象，由此而导致人心理上平衡和不平衡之间的循环转换过程；学习是一种主动建构的过程，该过程中认知主体充分发挥了其同化作用；学习是有效的知识信息进行整合再加工的过程，在该过程中需要对信息进行感受、组织、编码、贮存、呈现、提取等复杂的加工处理，而该种加工处理方式是学习者和环境互相影响、交叉融合的动态过程。第二，认知主义的教学理念是教学通过推动学生的认知发展来促进学生认知结构的形成。第三，在教学内容方面，认知主义坚持学科的基本结构是学生应该掌握的重点内容。这种基本结构由两部分组成：一是学科的基本知识结构，二是学生

的学习态度与方法。第四，关于学习方法，布鲁纳竭力推荐归纳法，而奥苏伯尔则认同使用演绎法来完成师生间的互动和交流，以达到学生充分吸收知识的效果。

③人本主义心理学。人本主义心理学的概念是在 20 世纪 50 年代的时候被提及的，它的理论思想主要来源于亚伯拉罕·马斯洛、卡尔·罗杰斯等人。人本主义心理学极力提倡以学生为中心，强调在学习过程中发挥情感的重要作用，主张知识对学生是否具有个人意义，是影响知识是否得以保存的决定性因素。这不只是对传统教学的有力挑战，同时为课程理论研究提供了新方向和视角。

人本主义心理学对高校课程理论的影响可概括为以下几个方面。

第一，课程的目标要将学生培养为懂得自主学习的人和能够充分适应环境变化的人，从而进一步成为对社会、对国家有用的人。罗杰斯表示，对于学生而言，是否能深刻掌握学到的知识以及其系统性，并不是最为重要的，教学目标体系中最为关键的是要让学生真正"学会学习"。教学追求的结果主要是价值的实现、学生个性发展的需要和兴趣的满足、感情的宣泄等，而不重视掌握多少知识技能。

第二，课程设置一定要切实将人的作用放在突出地位，将"以学生为中心"的核心理念执行到位，让学生能够在一个比较大的空间中选择适合自己的学习材料，并将自己所选择的结果进行深入研究，以自身的条件和现实情况合理安排学习计划和进程。教师的主要任务是在教学过程中引导学生主动学习，带领学生营造和谐的学习氛围，给予学生自信心，激发学生的学习潜能和动机，帮助学生形成正确的价值观和人生观，让受教育者能够进行自我学习和管理，促使学生成为人格高尚、品质健全的新世纪人才。

第三，在课程评价方面倡导学生的自我评价。罗杰斯指出，学生本身才是学习过程中的主体，其余只能是"旁观者"。只有学生自己才会知道自己做了多少努力，哪些方面做得比较好、比较到位，哪些方面还存在着不足之处，也就是让学生为自己的学习承担责任。

第四，在师生关系方面，人本主义认为教师的任务和目标就是促进、推动学生的全面发展，而并非传统意义上的教育和指导；教师作为学生学习的促进者、鼓励者和帮助者，是一位愿意帮助学生探索可能答案的人，而不是握有所谓"正确答案"的仲裁者。

（2）教育学基础。教育是社会中普遍存在的现象，而学校是社会中的一种特殊组织和制度，课程尤其是高等教育中的课程是社会文化中非常重要的一部分，有保持、继承甚至重建社会文化的作用和能力，因此课程理论既受到经济发展、社会进步等方面的影响，又受到一定的来自社会文化因素的制约力量。学校通过课程的传授改变社会，社会也能塑造学校及其课程。教育社会学发展到今天，虽然流派众多，理论各式各样，但是影响较深远的流派不外乎几种，即建构主义理论、功能理论、冲突理论、解释理论和现象—检释理论。

①建构主义理论。建构主义理论是认知学习理论的一个重要分支。建构主义学习环境有四个方面的要素，即情境、协商、会话和意义建构。情境是意义建构的必要前提，是教学设计的重要内容之一；协商是指学习者在人际互动中通过社会性活动进行知识的社会建构；会话是指教育者与学习者之间的一种民主、双向互动的交流过程；意义建构的核心内容是信息不连续性、人的主体性以及情境对信息渠道和信息内容选择的影响。

②功能理论。功能主义又称"结构机能主义""和谐论"或"均衡论"，起源于生命科学和社会科学中的一种思潮，主要是在达尔文生物进化论思想引导下发展和成熟的。功能主义理论认为，教育的本质具有社会性，应把教育的重点放在引导学生掌握适应社会需求的知识和技能，以保持社会的稳定与和谐上，而不是放在激发学生的潜力和发展学生的能力上。在课程方面，他们认为学校课程应当能够引导学生形成相同的、具有积极意义的社会观和价值观，供给人们所需要的社会规范，以实现个体的个性化特征和人性化特征和谐共存。也就是说，教育应该帮助人们决定该以什么方式调整自己的行为。帕森斯认为，学校具有两大功能，即社会化功能和选择功能。社会化功能即培养人的承诺感与能力，以使学生在将来能够根据社会要求承担一定的社会角色。而选择功能则是在社会结构和需要的基础上，依据每个人的兴趣和能力，合理分配人员在社会中的位置，以做到人尽其才、才尽其用。只有这样，每一个社会体系的功能才不至于失调。

③冲突理论。冲突理论是20世纪60年代中期以来兴起的一个重要的教育社会学理论派别。冲突理论学派强调社会矛盾、权利差异和社会变化，他们将整个社会体系分为支配者与从属者，认为两者具有利害关系。冲突理论把学生当作不同阵营的组织争权夺利的平台，这些校园外部势力不同程度地干扰和制约了学校的教育。学校的主要工作是教授和传递各种形态的文化内容，这种身份文化包括价值观、审美观、谈吐方式、礼仪教养、行为方式等。

④解释理论。解释理论又被称作"互动理论"。在教育方面，解释理论主

张到学校教育的实际内容与实际过程中去寻找教育不平等的缘由，而不是抓住学校的教育制度不放；认为教育的主要课题是师生间交互作用、教师在教学中的概念和范畴、教学内容。解释理论本身可分为三个支派，即教育知识社会学、符号互动论以及人种方法论。解释主义社会学在课程与教学方面的主要观点是：第一，反对结构功能主义抛开学校的实际过程与实际内容去研究教育和社会的关系，重视教学过程中教师与学生之间的互动交流及日常相处相关的问题。第二，主张师生敞开心扉共同打造良好的学习氛围，深刻展示师生各自所扮演的角色和其行为所要表达的重要含义，且关注师生间的课堂交流、互动。

⑤现象—检释理论。现象—检释理论从人本主义立场出发，以现象学和诠释学为理论背景，看重受教育者本身的思想，正视其在学习中的作用和地位。现象—检释理论认为，目前各大高校中比较重视成套的正规课程教材的应用，而每位学生只能被动地选择接受，这让学生演变成了"组织人"，而不是自我思想鲜明、主动性强的自由人，限制和束缚了个性的发挥，也让人与人间的感情变得更为疏远。现象—检释理论主张突破"工学模式"对"工具理性"的制约和束缚，强调学生在学校的学习和生活中充分实现人际关系的主动性和创造性，将审美的理性深刻展示出来，助力自我意识的觉醒和进步，以达到更完整自我展现的境地。

2.课程体系构建的原则

课程体系改革是时代对人才培养的要求。借助于高等教育理论基础，深化课程体制变革，课程体系的构建需要在以下原则的基础上进行。

一是全面发展原则。有意识地主动去适应经济建设、社会发展以及人类素质提升的思想理念，全力提升大学生的文化素质水平，使之拥有能够伴随其终身的知识、思想和技能，成为德、智、体、美全面发展的人才。

二是区别对待原则。以学生为主体，促进人的全面发展已成为现代教育理念的重要组成部分，这就要求在课程体系构建时既要考虑到更多学生的普遍需要和整体要求，还要考虑到学生的个体性差异需求，让每一个学生都实现更快、更有效的发展。造成学生个体差异性的原因是多方面的，如能力、兴趣、性格、气质等不同而引起的差异，因此只有不断拓宽课程门类，不断扩大学生选择的空间，才能真正实现人的全面发展，达到个性完美的目的。

三是基础性原则。随着时代的发展和社会的需要，高等教育逐渐从大众化走向普及化，受教育人口越来越多，高等教育培养人才的基础性也逐渐显现出来。注重基础教育，充分保证基础性教育的水平和质量是新时代本科教育基础性特色的突出表现，是现代教育的必然需要，更是社会对未来人才的呼唤。

四是整合性原则。在整合性课程体系的具体构建中，对各个专业课程进行合理的安排，加强各个课程、学科间的沟通、交流，注重课程体系的微型化、地方化、个性化和综合化，正确处理好理论与实践、自然科学教育与人文社会科学教育、通识教育与专门教育、显性课程与隐性课程之间的矛盾，达到有效的统一，不断提高教育教学的质量和效益。

五是适应性原则。适应性原则就是要求在设计课程时，充分考虑社会与个人不同的需求，满足社会与个人发展的需要。因此，在设计课程时必须采用模块化课程的组合方式，让学生能有更多的空间进行选择，只提供方向选择，不做其他硬性要求，以此提升课程体系的适应性。

六是地方性原则。高等教育培养人才既要面向国家发展需要，也要服务于地方发展需要，这就要求地方性高校的课程体系构建一定要重视地方性。重视课程设置的地方性原则，具体含义是指在进行课程设置过程中，以遵循国家政策指示为前提条件，整合分析本地的教育资源，设定最为科学、最为合理的人才培养课程，以此来满足当地教育发展需求，通过人才的发展极大地推动当地经济的繁荣发展。

三、以人才培养为目的的课程建设与改革——以赤峰学院为例

人才培养是学校的根本任务，教学工作是学校的中心工作，课程建设是教学建设的基础工程。根据《国家中长期教育改革和发展规划纲要（2010～2020年）》《教育部关于加快建设高水平本科教育全面提高人才培养能力的意见》《教育部关于加强高等学校本科教学工作提高教学质量的若干意见》《关于进一步加强高等学校本科教学工作的若干意见》《教育部关于进一步深化本科教学改革全面提高教学质量的若干意见》《教育部关于加强高等学校在线开放课程建设应用与管理的意见》等文件及通知精神，结合赤峰学院转型发展实际，为了促进学校内涵式发展，突出办学特色，不断提高应用型人才培养质量，按照"保证质量、重点建设、注重实效"的建设原则，秉承以学生为中心理念，坚持内涵式发展道路，实现课堂教学模式和考核评价方式的转变（以下简称"双转"），着力加强课程与现代信息技术的融合，着力加强应用型课程建设，着力提高学生自主学习、终身学习能力，着力提高课程教学效果目标达成度，使课程建设有计划、有步骤地进行，进而全面提升教学水平和质量。

赤峰学院以习近平新时代中国特色社会主义思想为指导，全面贯彻党的教

育方针，落实立德树人根本任务，以办学目标定位为依据，以提高人才培养质量为目的，以内涵式发展为途径，以建设应用型课程、在线开放课程为手段，以遴选优秀、品牌课程为方法，深化教学改革，优化课程体系，更新教学内容，改进教学方法，实现课程"双转"，建立激励机制，健全质量监控体系，全面提升课程建设水平，夯实教学质量的基础工程，适应学校向综合性、地方性应用型大学发展的需要。

赤峰学院开设的本科专业均为应用型专业，应用型专业所开设的课程统称为应用型课程，主要分为以下几类：

（1）应用型合格课。应用型合格课即达到合格水平且认定通过的应用型课程。

（2）应用型引导性课程。应用型引导性课程包括应用型示范课和在线开放课。应用型示范课是在应用型合格课的基础上建设的有示范效应的课程；在线开放课是在应用型合格课的基础上建设的且在校级以上网络教学共享平台上公开开设的课程。

（3）应用型优秀、精品课程。在上述课程内通过评选，被授予校级及以上的"优秀、精品"称号的课程。

（一）建设目标

分批次、分层次逐渐形成以应用型合格课为主体、以应用型示范课为引导、以应用型优秀精品课为引领示范的合格、示范、优秀精品三级课程梯队。在已有课程建设与改革的基础上，完成所有应用型课程的合格认定；培育一批与人才培养目标相对应的应用型示范课程；建设少量与国家和自治区政策相匹配的在线开放课程，同时建成一批应用型课程的部分网络教学资源；遴选一批校级应用型优秀精品课程，打造少数自治区级、国家级应用型优秀精品课程。

着力实施课程的"双转"，将课堂教学模式逐步升级或转变为以学生为主体的参与式、讨论式、启发式、案例式、对分式、线上线下混合式等新型教学模式，重构教学内容，设计教学方法，注重学生的实践能力和创新能力培养，构建理论与实践相结合的应用型教学体系；创新考核方式，注重引入 ISEC（国际本科学术互认课程）过程性考核理念，逐步在全部课程中推动过程化考核，同时建立健全评价体系。

（二）建设数量及层次

1. 应用型合格课程建设

应用型合格课程是应用型人才培养的基础，应用型合格课程的水平决定学校的整体教学质量。为了促进内涵式发展，各二级学院应认真分析研究本单位课程建设的现状，制定有效措施，明确责任人员和工作进度，切实推进课程"双转"的落实，确保各专业所有课程尽快达到合格水平，全面提升课程的教学质量。每学期初由二级学院负责对所承担的课程进行合格认定，直至所有的课程均达到合格标准，学校以随时抽查方式进行检查验收。对学生意见强烈并经二级学院组织同行专家考核不合格的课程，开课单位应责令授课教师或团队限期（一般为一个月）进行整改，整改后仍达不到合格水平的，应暂停开设。

2. 应用型引导性课程建设

（1）应用型示范课的建设。在应用型合格课的基础上，对于"双转"效果明显、质量较高的课程，学校以立项方式进行培育，培育和建设 150 门左右的应用型示范课，进一步发挥其引导作用，带动课程教学质量的提升。各二级学院要制定本单位应用型示范课的建设目标、规划和实施方案，制定相应的保障措施，确保课程"双转"的顺利实施，并取得明显的由点及面的引导成效。

（2）在线开放课程与课程网络资源的建设。在线开放课程以网络教学共享平台为依托，以学生自主学习为主，结合线上线下互动方式，充分利用信息技术优势，整合数字化教学内容，实现课程"双转"，提高教学质量。学校计划以立项方式建设 8 ~ 12 门的在线开放课程，同时建设 30 门左右课程的网络资源，为开通线上课程或在线开放课程奠定基础，以发挥其引导作用。

3. 应用型优秀精品课程建设

为展现品牌效应、树立品牌形象、发挥引领作用，带动全校课程向高质量发展，深化课程"双转"，提高课程整体质量和水平，学校计划打造一定数量的优秀精品课程。在应用型合格课程、应用型示范课和在线开放课范围内，遴选评比一定数量的课程为校级应用型优秀或精品课程，达到自治区或国家级水平的课程，学校择优向自治区或国家推荐。

第三章　师资队伍建设与创新型人才培养

第一节　教师应具有的素质

21世纪的社会，是一个知识经济的社会，是一个不断开拓进取的社会，也是一个竞争十分激烈的社会。社会需要创新，教育需要创新，所以更需要具有创新素质的教师。高校开展创新教育，同样必须加强教师队伍的建设。

一、教师要具有创新能力和素质

创新教育应该树立与全面建成小康社会相适应的理念、模式，这就要求教师必须转变观念。一方面要积极参加全员培训，提高高校教师自身的职业道德、实践能力和创新精神，树立"以综合素质培养为主线"的指导思想，全面推进素质教育，培养学生具有良好的职业道德、较强的实践能力，切实提高学生的人文素质。[①] 高校的教师要有计划地到企事业单位进行专业实践和考察，提高教师的专业水平。同时高校要广泛吸引和鼓励企事业单位的工程技术人员、管理人员和有特殊技能的人员担任兼职教师，引进竞争机制，并推行教师全员聘任制，竞争上岗。另一方面高校教师要树立全新的教育观念，要有强烈的创新意识、创新精神，倡导多样化的人才成长道路，切实把培养不同层次的职业人才和高素质的劳动者摆到重要的位置上来。

（一）实施创新教育要培养教师的创新思想和创新精神

创新教育要求教师必须树立全新的教育观念，要有强烈的创新思想意识。教师要在创新意识的驱动下进行创新思维，才能创新教育模式，适应教育发展的要求。调查显示，影响学生就业的八项能力是：①对社会的适应能力；

---

① 邓小平.邓小平文选[M].北京：人民文学出版社，1994：24.

②竞争意识和挑战意识；③解决实际问题的能力；④表达能力和人际交往能力；⑤创新意识和勇气；⑥合作意识、奉献精神；⑦计算机和外语运用能力；⑧专业技能或特长，其中最主要的是具有创新意识。要培养学生的创新意识、创新思维，教师必须具备更新更强的创新意识。

高校的教师要转变观念，牢固树立创新意识，必须打破过去那种统招、统分、统一的教学计划、教学大纲和教材，以及固有教学模式的束缚：一是从单纯的技术人才培养转向综合型、开拓型人才培养；二是从专业化的窄口径培养人才转向适应性强的宽口径人才培养；三是从标准化、规格化的统一培养转向多样化的培养；四是教学重点从知识的传授转向全面素质能力的培养；五是从一次性教育转向终身教育。教师要破"教师主体"的观念，立"学生主体"的观念；破"以教为主"的观念，立"教为不教"的观念；破"自我封闭"的教育观，立"开放办学"的国际化大教育观。教师要将创新理念贯穿到教学的各个环节。①

创新是一种精神，是以育人为宗旨的教育的灵魂。创新精神的内涵和表现是有所不同的，在教育教学中培养创新精神，教师突破传统学科教育，强调线性思维的局限，引导学生善于提出问题，善于发现问题，培养发散性思维和"跳跃式"思维，发挥联想和想象，在已有的知识结构操作体系中引入新的组合，形成新的成果。创新的源泉是人的创造力，创造力的形成离不开良好的思维能力，也离不开勇于探索、善于应用的实践能力。

教师虽然岗位不同，专业不同，但都是创新精神和创新能力的开发者、传导者。教师要培养学生的创新精神、竞争意识，自身必须具有强烈的创新精神，否则怎么能为人师表以"身教"来树立楷模引导方向、作为人梯，培养创造性人才呢？一个具有创新精神的教师，一定是一个创新教育的勇敢实践者。教师要以强烈的创新欲望、坚定的创新精神、不断地创新实践来启迪引导培养学生的创新精神。

（二）实施创新教育要强化教师不断学习和更新知识

加强学习是创新教育的源泉，加强学习必须要求教师既广泛涉猎、博采众长、好学不倦，达到"士不厌学故能成其圣"之境，又分轻重缓急，重点学习，采取研究性学习、实践性学习、创新学习方法。加强学习是教师进行教育创新的必备素质。

---

① 郝克明.面向 21 世纪我的教育观 [M].广州：广东教育出版社，2000：15.

教师与学生不只是一桶水与一杯水的关系，而应当是长流水。长流水来自何方，来自教师不断地学习和创新。教师的高学历、高职称不等于教育教学的高水平，学生的成绩好也并不能完全代表教师的水平高，还要看学生将来的发展潜力，要重视教育教学的长远效果。因此，教师必须树立终身学习、终生实践积累知识的观念，做刻苦学习、创新学习的带头人，才能不断创新教育，培养出勤奋好学、能学会学并具有创新精神的人才。更新知识是创新教育的重要前提，没有全面的、更新的知识基础，教育创新就会成为无源之水、无本之木。

（三）实施创新教育要提高教师的创新能力

当前倡导的素质教育，其核心就是培养学生的创新意识、创新精神、创新能力和创新人格。教师要最大限度地开发学生的创造潜能，把学生培养成敢于创新，勇于挑战的高素质人才，自己必须具有很强的创新能力。

二、教师应具有的教学能力和素质

（一）教师应具有的教学素质

1.教师必须具有广博的文化知识

当今科学一方面是高度分化，即知识的专门化；另一方面又高度的综合，即知识的一体化。高校正在进行理实一体化教学探索，需要既有专长，又广泛涉猎；既精通一门学科，又研究相邻学科；既懂理论教学，又会实际操作。只有具备广博的文化知识和实践经验的教师，才能有效地进行创新教育，培养学生的理想，开发学生的创造潜力。

2.教师必须有精深的专业知识

所谓精，就是要求教师全面、系统、准确地掌握学科的专业知识，举一反三、融会贯通，更要不断地充实钻研新知识、新方法、新技能，做到脚踏实地，精益求精。所谓深，就是要求教师在专业知识和技能方面比学生高出几筹，深入几分。

教育科学知识是教师业务水平的重要内容，是教师成功地进行教育教学和创新教育所必备的知识。著名心理学家皮亚杰认为："教师这个组织者不仅知道他自己的科学，而且还要精通儿童和青少年心理发展的细节。"[①] 教师只有树立全新的教育观念，了解教育工作的基本规律和方法，才能够主动地不断创新教

---

① 戴学咸.当代教育思想对我们的启示 [J].天津成人高等学校联合学报，2003（4）：21.

育，指导教育实践。

谈史使人明智，谈诗使人灵秀，数学使人周密，哲理使人深刻，伦理使人有修养，逻辑修辞使人善辩，计算机使人办事迅捷。教师必须构建丰富的知识体系，做到专博相济、一专多通、一专多能，才能成为一个内心世界丰富充实的人，才有实力和资本进行创新教育。

（二）教师应具有的教学能力

1.要求教师的教学方法要有灵活性和创造性

例如，启发式、讨论式、探究式等多种教学方法。善于创设问题情景，让学生在情景中产生各种疑问和设想，并引起积极的思维活动。例如，在教学过程中让学生做些思考，之后问一些问题：你是怎样想出来的，你为什么这样想，这样解决是否合适，还应该怎样解决等。通过启发让学生敢于标新立异，发表独立见解。因此，教师要努力贯彻"少而精"的原则，认真备课，精心设计，突出重点，尽量多采用创造性的教学方法和探究式教学。

2.教师要在"识、才学"上下功夫

"识"是指认识和胆识，是教师在教育教学生活及事业中，纵观全局，分清主次，把握关键的能力，预见教育发展的必然性和可能性趋势的能力。"才"是指果敢的行为能力，是教师在执行主观意图时正确迅速灵活、创造性地解决具体问题的能力。"学"是指"学富五车"，是教师掌握各种知识的能力。清代袁牧在《续诗品·尚识》中说："学如弓弩，才如箭镞，识以领之，方能中鹄。"一语道出了三者的关系，直接影响着教师创新教育的设计能力。

3.教师应有独立思考、独立工作、独立创新的能力，也应有与他人合作的能力

要把独立思考、创新工作的精神，同开放合作的态度结合起来。要有组织管理能力，能激发学生努力学习的热情和积极性，能够创造一种气氛和环境，使学生获得学习的乐趣，学会学习。要有表达能力，善于和学生接触、对话交流。能力素质直接决定教师创新教育的水平和效果。

创新教育不仅对教师具有以上的素质要求，而且还要求教师有高尚的思想道德素质、健康的身体素质、良好的心理素质等基本素质。教师要不断磨炼自己的创新素质，在遵循教育的五大原则（主体性原则、和谐性原则、发展性原则、个别性原则、成功性原则）的基础上研究现代的四阶段教学法：第一阶段，教师引出问题商榷答案，学生独立获取信息；第二阶段，教师提供帮助，提出讨论建议，学生独立制订计划；第三阶段，教师说明原理解答难题，学生独立实施计划；第四阶段，教师制定标准评估方案，学生独立完成评估计划。

发挥教育的"四发"（发现人的价值、发掘人的潜能、发展人的个性、发挥人的力量）功能，指导学生学会积极地思考，热爱美好的事物，形成良好的愿望，学会正确地观察，掌握科学的逻辑方法，能够控制自我，善于与人合作，乐于创新，敢于创新，能够创新。

创新教育具有无穷的魅力，教师一旦感受到这种魅力，就会自觉地加入创新教育的行列。创新教育有其规律性和特有的方法，只要教师们投入到创新教育的研究和实践中去，就一定能把学生培养成为时代需要的、全面发展的创造性人才。

第二节　教师应教学的内容

大学是人生中最为关键的阶段。大学不仅可以影响大学生毕业时是否能找到自己喜爱的工作，也对今后一生的职业发展有重要影响。对于多数同学来说，大学是其一生中最后一次有系统、有时间和有条件地进行学习的机会。因此，大学教师怎么教，学生怎么学，是相当重要的教学环节。

一、上好每节课，树立教师的良好形象

常言道"亲其师，信其道"，高水平的教师容易赢得学生的敬佩、爱戴。融洽的师生关系，能更好地促进教与学。因此，教师要上好每节课，在同学们心目中树立起教师的良好形象。

（一）要熟悉自己承担的教学内容，把握重点和难点

要提前了解自己讲授课程的教学内容或任务，并细化到每堂课中，从而在上课时做到前后呼应，有大局观，千万不要临近上课时才去寻找相关的教材，了解要讲的内容。教师要把教材从头至尾认认真真熟悉一遍，并了解相关内容的研究进展及与前后课程的关联情况，做好备课笔记和课件。这样有利于把握整本教材的知识脉络，使自己在课堂教学时有清晰的教学思路，也能更好地把握各章节知识的连贯性。

（二）要虚心向有经验的老教师学习，掌握教学艺术

老教师在多年的教学过程中积累了丰富的教学经验，如对重点难点的把握、师生互动、活跃课堂气氛、声调语调的变化等。要虚心向老教师学习，多

听有经验的老教师的课，看他们是如何驾驭课堂的，听听学生对老教师和对自己的反应，重要的是多听听学校及学院督导教师们的建议，及时找出自己存在的不足和改进的方法。只有这样，自己才能得到较快的提高，才能成为学生欢迎的教师。

（三）充分利用现代教学技术，努力提高课程教学效果

随着教学信息量的增加、课时的减少和科学知识的日益复杂，改进教学方法和应用现代教育技术显得十分必要。青年教师在信息技术的应用方面有较强的优势，要尽快熟悉现代教学技术，如学校教务处网络教学平台和多媒体教学技术。要精心制作好上课的课件，并将有关课程教学大纲、教学课件、教学日历等通过学校教务处网络教学平台向学生开放，供学生提前预习和课后复习，实现课堂多媒体教学、网络教学、E-learning辅助教学等有机结合，及时为学生解决学业中和生活中的难点。

二、培养学生兴趣，调动教学双方积极性

教学效果的好坏除与教师的教学水平高低有关外，还与学生学习的积极性有密切关系。只有将学生被动消极的学习转变为主动快乐的学习，才能发挥学习主体的最大效率，才能让整个教与学的过程充满生机与活力，而这个转变的关键是如何激发学生的学习兴趣。古人云："知之者不如好之者，好之者不如乐之者。"这就说明了兴趣在学习过程中的重要性。学习兴趣能使学生在学习活动中产生爱好与追求，从而使学生对某类知识的学习成为积极、主动和愉悦获取知识的行为。那么在专业课教学中，教师如何培养学生的学习兴趣、诱发学生的求知欲望呢？

（一）注重启发式教学，培养学习的兴趣

启发式教学，顾名思义是指结合学生的专业实际情况，在教师的引导下，通过师生双边活动逐步获取知识的教学方式。教材上所介绍的知识，是前人从生活实践和科学研究中归纳总结编写而成的。学生学习知识的时候，难免有些抽象和枯燥，兴趣不大。一个经验丰富的教师能引导学生透过抽象的文字符号，将知识的内涵生动地再现出来，让知识回归到它产生的情景中去，知识才会鲜活起来，把具体的事物与抽象的文字符号结合在一起，让学生真正理解知识的意义，这样的学习才是真正有意义的学习，学生才会快乐地、有兴趣地去学习。比如，在讲授食品化学时，如果照本宣科地讲授分子结构、理化性质、

含量变化等，那会相当枯燥；如果从食品对人们生活的影响和在国民经济中的地位，说到民以食为天的重要性和食品应具有安全性、营养性和享受性，再从食品的安全性、营养性和享受性与化学成分的关系方面，详细介绍这些成分的结构、理化性质、含量变化等，就会吸引学生们的兴趣，他们学习起来的主动性就强得多。另外，学生能自修的内容可少讲或不讲，而对于较重要的某些定律或成分变化历程，可适当讲解前人是如何得到定律或成分变化历程的，引导学生们去理解和掌握。

（二）采用问题式教学，培养学习的兴趣

目前有不少学生对专业知识或对学习过程不感兴趣的主要原因，是他们感到好好学习除了能考试得高分外，没有看到系统地学习本专业知识有什么作用。再说学习辛苦也无乐趣。因此，在课堂上除采用启发式教学、培养学习兴趣外，还可以以学生们的日常生活为对象，从创设问题情境入手，逐步引入专业知识，启发学生们的思考，培养他们的兴趣。

古人云："学贵有疑，小疑则小进，大疑则大进。"在教学过程中提出合适的问题可引导学生的思维，提高他们的学习兴趣和学习效果。那么，教师如何精心设计问题呢？合适的问题应该是：与学生已有的知识经验及要讲解的课程有联系，使学生有条件、有可能去思索和探究某个知识点。只有这样，学生才会产生一种"心欲求而不得"和"口欲言而不能"的心理状态，并使学生有一种不可遏制的跃跃欲试的求知欲望，从而促进学生积极思考和提高求知的兴趣。例如，讲到美拉德反应这一节时，如果平铺直叙其反应历程，学生兴趣不大，效果较差；如果采用问题教学法，就同学们经常吃到蒸馒头和煎馒头、煮花生和炒花生等食品为例，提出它们为什么颜色、滋味和香气不同、其差别是什么、这些差别是如何形成的等问题让同学回答、讨论，再进行简要的讲授，同学们就很容易理解，教学效果也就好。

问题式教学，不仅可提高学生的学习兴趣，而且还能活泼课堂气氛。对于教师来说，在什么节点提出问题和提出什么问题，往往把握不好。建议教师不仅对本课程所涉及的相关学科有一定的了解、对本课程所涉及的专业课知识也比较熟悉外，还要了解学生对本课程以前的专业课的掌握程度和对本课程接受能力，使所提的问题能让学生凭已有的知识，经过认真思考后能回答。这样的问题才能提高学生的兴趣和提高教学效果。

三、培养自主学习能力，使学生达到无师自通的水平

大学是培养高层次、高素质和掌握某些专业知识人才的摇篮，使学生毕业时在科学、工程或人文等其他方面有较好的知识基础和兴趣。大学最主要的是"授人以渔，不授人以鱼"。这就要求教师要培养学生有较强的自主学习能力，达到无师自通。

众所周知，当今社会，知识更新的速度在加快。已有研究表明，知识更新的速度已经从18世纪以前的80～90年翻一番，19世纪中期的每50年翻一番加快到20世纪90年代以来的3～5年翻一番。目前，书本上需要记忆的知识已被电脑代替，人脑更方便、更准确地完成了。教师在课堂上不必强调或花费宝贵的时间，让学生记这个记那个，凡是电脑或智能手机等外部能方便查出的知识，告诉其来源就行，应重点培养学生的自学能力。自学能力必须在大学期间通过教师的引导逐步培养好，否则学生毕业进入社会后可能很快就不能适应工作的需要了。

培养学生自主学习的能力，尤其是批判性思维能力和创新能力非常重要。高校培养的学生不仅要掌握某些方面的知识，重要的是创造；不是考试能手，而是创新骨干。培养这样的人才不是一天两天的事，宜早不宜迟。那么如何培养呢？学校应建设有较完善的电子数据库和多媒体资源。除此之外，互联网也是一个巨大的资源库，大学生可以借助搜索引擎在网上查找各类信息。因此，在安排教学时，要留有自学的空间，结合所讲授课程的内容布置思考题，到电子图书或网上寻找参考资料，培养学生掌握查找的技巧；或结合课程内容筛选些自学的资料给同学们，接下来就其内容进行讨论、点评，培养学生的自学能力，养成独立学习和思考的习惯，培养分析问题的能力和创新能力。这是当代大学生特别是那些有志于科学研究的大学生的必备技能之一。

第三节　基于现代信息技术的课堂教学

随着信息技术与教育教学的逐步深度融合，传统的教学模式和学习要求也随之改革与创新，出现了一大批以慕课为代表的课程应用与教学服务相融合的优质在线开放课程。扩大在线开放课程应用，推广翻转课堂、混合式教学等新型教学模式，建立线上教学与线下教学有机结合、有利于教学方法创新和学生

自主学习的教学运行机制，创新在线学习学分管理、学籍管理、学业成绩评价等制度，都相继制定和实施。现就线上教学与线下教学有机结合的实践，对大学课堂教学与教学管理谈几点体会和建议。

一、运用信息技术，增加课程深度

高校需要实现校内与校外、课堂教学与网络自学、直接答疑与间接辅导等的有机结合。

（一）教学模式实现两个"转变"

一是由"以教师为中心"转变为"以学生为中心"；

二是由"课堂为中心"转变为基于立体化网络资源的课内课外有机结合的"多环节教学"模式。

（二）大力增加高校课程的信息容量

随着近年来科技进步神速、新理论新成果的增加，如果仅仅依靠教师课上讲授和学生课下教科书、参考资料等则很难在有限的教学时间内取得满意的教学成果。高校可充分利用现有的教学技术平台，开发课程网站，学生课前可通过网站上的教学日历，预先了解学习任务、学习内容和要求；可复习已学内容、完成作业和拓展材料的学习；可就相关知识点的学习在同学之间及师生之间交流讨论。这样，传统的以讲授为主的教学转变成网络自学和课堂授课相结合的教学模式。

二、创新教学管理方式，提高教学积极性

实现信息技术与课程教学深度融合，努力提高教学质量，需要学校、专业和课程三个层面共同努力，进行整体规划和系统设计。在学校层面，要从硬件和软件两方面加强建设：在专业层面，要在人才培养方案中将学生的信息技术素养和自主学习能力及课程要求等予以明确；在课程层面，要将信息技术与课程教学进行有效融合，推动混合式教学模式的应用，培养学生的自主学习能力。

首先，需要建立网络教学平台，建设较好的信息化学习环境，如校园网络、多媒体教室及数字化技能实验室等基础设施；其次，促进信息技术与课程教学深度融合，邀请相关专家为教师们进行技术辅导；最后，高校应该对进行慕课建设、翻转课堂建设的课程提供技术和资金支持。目前，关键的是创新教

学管理，促进信息技术与课程教学进行有效融合。

（一）完善政策导向，促进教学信息化

信息技术与课程教学深度融合是一项综合性、实践性的教学改革，改变的是教师的教学模式和学生的学习模式。学校除加强先进的、完整的和便捷的信息化环境硬件建设与加大信息技术与课程教学深度融合讲座及技术辅导外，还要制定鼓励措施和实施指标，如优秀教学课件或软件、优秀课程建设、各专业信息技术与课程教学融合度指标等。

（二）完善教学考核方式，促进教学信息技术实施

提高教学质量要靠教与学的共同努力。在传统的教学过程中，从教学内容到教学方法，均按教学日历安排和教学步骤在课堂上完成，教师用粉笔在黑板上写，学生用笔在本上记，传授的内容、学习的内容和考试的内容均是统一的。这对基本知识的掌握和执行能力的培养有一定的作用，但不利于学生的个性化发展和创新能力的培养。信息技术与课堂教学的融合，彻底打破了这一局面。

首先，在教的层面上，教师要转换教学方法，教学质量评估内容也要随之改变。随着信息技术的发展，知识更新速度加快，学生通过网络就可便捷快速地获得所需要的各方面的知识，教师不再是文化知识传播的中介，而是学生学习方法的指导者。教师在课堂上对一些工具性知识、条例性或限制性应用的知识、可方便查找的知识等，不应占用课堂时间，而是通过信息途径告知，课堂上应多采用讨论、解惑方式围绕课程要求授课，通过调动学生的学习主动性和积极性，提高他们获取课程相关信息的能力以及充分利用信息资源快速、高效地解决问题的能力。另外，还要求教师时时关注课程网站，引导学生、帮助学生获取正确的信息，解答学生提出的问题。由此，在评定教师的教学质量时也应考虑教师上述的工作内容，评估其质量。

其次，在学的层面上，学生要转换学习方法，课程考试的内容也要随之改变。在知识、技术日益发展的今天，学生今后的发展水平将越来越取决于其自主学习的能力和正确利用信息的水平。从现有的考核方式来看，主要有平时考核（作业情况、出勤情况、提问情况等）、理论考核（笔试、专题答辩等）、实训考核（课程项目、综合实训等）等。用现有的考核方式，对于那些喜爱动手、不爱记忆的同学，对于那些喜爱钻研的学生来说，总体考试成绩不好。而一些同学针对教师的考试内容，靠死记硬背，总体考试成绩却很好。为此，为

发挥考试的杠杆作用、鼓励学生的个性化发展、培养学生的创新精神和实践能力，课程考试的内容也要随之改变。要把学习过程、利用信息水平和在课程网站上交流讨论等纳入考核内容。另外，在课程结束考试中要减少客观试题，增加主观试题，以培养学生综合运用知识和分析问题及解决问题的能力。

三、信息技术与课程教学深度融合的经验

2015 年，国务院印发了《统筹推进世界一流大学和一流学科建设总体方案》，该方案明确提出"突出人才培养的核心地位，着力培养具有国家使命感和社会责任心，富有创新精神和实践能力的各类创新型、应用型、复合型的优秀人才"。在信息技术越来越普及、便捷的今天，针对该方案的要求，完善人才培养方案是十分必要的。

当前，各专业在修订人才培养方案时受两方面因素的影响较大：一是国家级专业标准，二是专业认证标准。这两个标准是要考虑，也应符合之，但有必要在修订时考虑以下三点。

其一，处理好专业标准与学生个性发展的关系。将专业标准和工程教育专业认证标准所要求的课程列为必修课，其他课程都列为选修课，并增加选修课程的数量，加大学生自主选课的范围，力求为学生自主选择、自主学习和独立思考留出足够的时间与空间，尊重学生的个性发展，注重引导和培养学生的学习主动性，并给予必要的分类指导或配备本科生导师，以便全方位地给予针对性指导。

其二，处理好专业特色与国际化的关系。在制定人才培养方案时要借鉴国内外知名大学先进的人才培养模式和经验，但一定要处理好人才培养目标与专业特色和国际化的关系，不要以人设课，不要按参照学校设课，要充分体现大学的传统特色及办学优势。

其三，处理好教与学的时空安排。随着信息技术与课程教学的深度融合，在人才方案制定时有必要处理好教与学的时空安排，压缩课堂教学学时，对一些工具性知识、条例性或限制性应用的知识、可方便查找的知识等，不应占用课堂时间，而是通过课程网站信息途径告知。采用翻转课堂的教学模式，让学生自主学习，提高其学习的积极性。与此同时，还要删除基础课与专业课、专业课之间及理论与实践等中的重复内容。为鼓励学生自主学习，支持学生的交叉选课，需要适度调整学生的总学分。总之，某专业允许毕业的总学分不宜太多，或专业必修的总学分要少，选修课的学分要多。

第四节　高校师资建设的途径

已故清华大学校长梅贻琦有句名言："大学者非有大楼之谓也，而有是大师之谓也。"大学要靠大师来支撑，名校要靠名师去造就。"求木之长者必固其根本；欲流之远者必浚其泉源。"教师是教育的第一资源和教育改革的主力军，是增强办学实力，提高办学水平的根本。高校领导必须对此有深刻的认识与领悟，没有一流的教师，就创办不了一流的学校；没有一流的教师，就培养不出一流的人才。高校要推行"创新教育"，培养高素质的创新型优秀人才，就必须加速高素质创新型优秀教师队伍的建设，尽量造就一支思想过硬、业务精良、教学科研双突出的高层次、高品位的师资队伍。

一、牢固树立人才兴校、强校的理念

高校要开展创新教育，培养创新型优秀人才，必须转变办学理念，而办学理念转变的关键是要牢固树立人才兴校、强校的理念，深刻认识到教师是兴校、强校之根本，是育人之根本，是创新之根本，加强师资队伍的建设是办学之根本。

（一）教师是兴校、强校之本

57位两院院士、57名长江特聘教授和讲座教授，70位国家杰出青年基金获得者，15位"973"首席科学家，59位国家级有突出贡献的专家，51人入选教育部"跨世纪人才工程"，另有5个研究群体获得国家自然科学基金委员会"创新研究群体科学基金"；教师中拥有博士学位的人数超过1200人，占教师总人数的53%；留学归国人员达到教师总数的1/3；教授平均年龄52.5岁，副教授平均年龄只有42.5岁。这就是当今北京大学人才军团强大的阵容。

正是这个强大的人才军团，托起了北大的一片蓝天，铸造了北大的辉煌，使北大既保持国内领先的地位，又跻身于世界名校的行列。随便翻阅一下国内外各名校崛起的历史，无不是实施人才兴校、强校战略的结果。杰出人才可以开发一个优秀产品，可以救活一个企业。同样，一批杰出的人才能办好一个专业，也能振兴一所学校。无数教育实践证明：人才兴校、强校是永远也颠扑不破的真理。一个名师可以开辟一个新的科研领域，一个名师可以兴办一个新的学科，一个名师可以打造一个学科品牌，一个名师可以创建一个科学攻关方阵与梯队……作为高校的领导，必须对教师是兴校、强校之本有极其深刻的认识与理解，始终牢固树立人才兴校、强校的理念，要通过各种方式方法与途径进行这方面的宣传、教育，要尽量使全体师生员工都牢固树立这一理念，都愿意为实施人才兴校、强校的战略献计献策，愿意为造就名师、大师而努力。

（二）教师是育人之本

"大学的荣誉，不在于它的校舍和人数，而在于它一代又一代人的质量。"这是哈佛大学第 23 任校长科南特的一句名言。培养出高质量的优秀人才，是大学最重要的责任。然而，高校是否能培养出高质量的优秀人才，取决于高校是否具有高素质的优秀教师。俗话说："名师出高徒。"人称万世师表的孔子当年是"弟子三千，贤人七十"；"关西夫子"西汉杨震，明经博学，门下荟萃弟子千余人；东汉马融，才高学博，一代通儒，门徒也常有千余。我国曾隆重表彰过为"两弹一星"研制做出突出贡献的 23 位著名科学家，其中 11 位功勋科学家都出自同一个老师门下，这就是中国物理学界的一代名师，清华大学教授叶企孙。许多历史经验表明，只有名师才能出高徒；只有创新型优秀教师，才能造就出创新型优秀学生。

第一，名师能慧眼识才。从古到今，名师都能慧眼识才，他们有胆识、有远见，善于了解、分析、研究学生与人才的个性特点，善于发现学生与人才的长处，善于挖掘学生与人才的潜能，能使学生与人才的优势、潜质、潜能都得到充分的发挥与发展。叶企孙教授的学生赵九章本来是学习经典物理的，但他考虑到赵九章的特点与国家的需要，动员赵九章留学时改学气象学，使赵九章成为我国大气物理、地球物理学的奠基人与开拓者，并被公认为是"中国卫星第一功臣"。名师蔡元培慧眼识才，把年轻有为、崭露头角的"落榜生"梁漱溟聘为大学教授，造就了一代鸿儒。

第二，名师能大胆荐才。他们具有非凡的洞察力，能对行业、学科的发展变化进行科学的预见，推荐学生进行最有发展前景的学科学习；引导学生进行最有价值的探索研究。叶企孙的另一弟子王大珩出国留学时，叶企孙考虑到国防的急需，需要王大珩改学应用光学。王大珩学成回国后，成为我国现代光学工程的开拓者和奠基人。

第三，他们甘为人梯，悉心育才。历史的经验表明，大凡优秀的教师都具有高尚品德与情操的"蜡烛精神"，用自己的光和热去点燃学生智慧的火花，照亮学生前进的道路。他们呕心沥血、悉心育才，用自己的睿智与远见，开启学生的智慧之门，引导学生走上创新之路；他们甘为人梯，为学生铺路搭桥，让学生踩着自己的肩膀往科学的巅峰攀登；他们胸怀宽阔、无私奉献，用自己的智慧与经验精心打造时代的精英；他们严于律己、为人表率，用自己严谨的治学态度、勇于开拓创新的精神，激励学生奋发向上、顽强拼搏。

无数的事实证明，只有充分调动教师的积极性，充分发挥他们在育人中的作用，才有可能造就高质量的创新型优秀人才。作为高校的领导，必须对教师是育人之本有极其深刻的认识与理解，要通过各种方式方法与途径进行这方面的宣传教育，尽量使全体师生员工都牢固树立这一理念。

（三）教师是创新之本

高校的主要功能与作用是创新，而教师是实现高校创新功能与作用的主要载体，无论是知识的创新、文化的创新、科学技术的创新、优秀人才的创新，还是其他创新载体的创新，都主要依赖高校的教师来实现。高校如果缺乏高素质的创新型师资队伍，就不可能有蓬勃高涨的创新热潮，也不可能培养出高质量的创新型优秀人才。各种调查研究表明，高校教师已成为各种科学研究与创新的主体，不仅是兴校强校的主要力量，也是兴国强国的重要力量。

第一，高校教师不仅承担着国家许多重大课题与项目的开发研究，也承担着各级地方政府绝大多数重点课题与项目的开发研究，成为人才兴国强国的主力军。第二，高校承担着企业许多新产品开发研究、技术改造以及各种设计、策划等任务，为企业的发展、强盛作出了不朽的贡献。第三，大学科技园的兴起，迎来了高校科研与创新的高潮。第四，现在高校已成为科学研究与孵化的主要基地，每年都有大量的科研论文在国内外发表，有大量的科研成果拍卖、转让、推广、开发。一直以来，高校是我国科技论文来源的主力军。第五，高校已成为政府决策的智囊团之一。调查表明，现在国家与地方政府的一些决策、改革举措等，都是在某些高校的科研机构的反复研讨、论证的基础上决断与推行的。高校教师已成为各级政府科学决策与理论咨询的智囊团之一。这不仅尽量保证了决策的科学性，也促进了国家的快速发展与进步。第六，高校已成为国内外优秀、先进文化交流、合作、研讨、创新的重要基地。调查研究表明，我国高校已成为与国外高校、企业、科研机构、社会团体广泛开展交流、合作、研讨、共同开发研究与创新的主力军，在引进国外优秀、先进文化，促进我国优秀、先进文化的发展中发挥了巨大的作用。由此可见，高校教师具有明显的智力优势，是进行各种科研与创新活动的主力军，是兴国、强国，兴校、强校之根本。

二、全力打造高素质、高层次的创新型优秀师资队伍

创新，是一个民族进步的灵魂，是一个国家兴旺发达的不竭动力。创新，也是人才工作开拓发展，社会英才辈出的根本动力。高校是科学创新和创造优秀人才的重要基地，全力打造高素质、高层次的创新型优秀教师队伍，是高校实现科学创新与造就创新型优秀人才目标最关键的因素，各高校必须不遗余力地进行。

（一）尽量引进高层次创新型优秀人才

没有高质量的教师队伍，就没有学校的快速、健康、持续发展，高层次人才是高校实现跨越式发展的灵魂。高校要实现人才兴校、强校的目标，就必须大量引进高层次的创新型优秀人才。高校的领导必须对此有充分而深刻的认识，必须把引进高层次创新型优秀人才当作重要的举措来抓。调查研究表明，目前各高校都越来越注重高层次优秀人才的引进，都在想办法、使高招，吸引国内外优秀人才加盟自己的学校，以求实现跨越式发展，创造学校的辉煌。许多高校还成立了引进高层次人才办公室，出台了一系列引进高层次人才的优惠政策。因此，高校在高层次优秀人才的引进中应注意做好以下几个方面：

第一，要真诚引才。调查研究表明，许多优秀的人才看重的并不是待遇与学校品牌，而是有利于自己创业的工作环境。他们希望有一个做事创业的理想场所，能遇到礼贤下士的知己领导，甚至愿报知遇之恩。如果高校领导能够真正做到真诚相待，就一定能引进自己所需要的人才。

第二，要真心用才。心理学研究表明，每个人都有自我实现的心理需要。作为高层次的优秀人才来说，自我实现的心理需要更加强烈。他们希望有施展自己知识、能力、才华的环境与机会，希望能实现自己的理想与抱负，希望能实现自己的人生价值，创造事业上的辉煌。他们在考虑工作因素时，往往更看重适合自己发展的环境与有利于自己自由发挥、发展的空间。作为高校的领导，必须对高层次优秀人才的这种心理需要有充分的认识和理解，要做到真心用才，要尽可能地大胆启用，让他们的优势、特长、才华、潜能都充分地得到发挥。要不拘一格用人才，只要是有能力、有才华的人才就应不苛求、不挑剔，不受资历、职称的限制，大胆地重用。

第三，要引进真才。调查研究表明，尽管现在各大高校为了实施人才兴校、强校的战略目标，都在想办法、出高招吸引人才，但误区也有不少。一是观念上的误区，有的高校领导引进高层次的人才是为了"撑门面"、做装饰，

其目的仅仅是为了调整教师队伍学历、职称的比例和结构，应付上级的检查评估而已。二是学历、职称上的误区。有的高校领导在引进人才的过程中，往往是唯学历论、唯职称论。只要是学历高、职称高的就愿意花大价钱。其实学历高、职称高的并非都是优秀的人才，更不可能都是创新型优秀人才。调查表明，由于各种因素的制约与影响，在我国培养出的高学历和高职称人才中，平庸者不乏其人。由于这些误区的影响，导致有些高校在人才引进过程中，往往只看学历与职称，不进行能力、才华与创新素质的考察，结果引进的可能是平庸之辈，发挥不了大的作用。因此，高校在引进高层次人才的过程中，必须坚持引进真才，也就是高层次的创新型优秀人才。学校必须对要引进的人才进行能力、才华与素质的考察或检测，尤其是创新能力与创新素质的考察检测，不能只看对方的学历与职称。因为只有创新能力强、创新素质高的人才才是真正优秀的人才，而只有引进高层次的创新型优秀人才才能真正达到兴校、强校的目的。

（二）练内功，加强创新能力、创新素质的培养与训练

引进高层次创新型优秀人才是兴校、强校的重要举措，同样，加强学校原有师资队伍创新能力、创新素质的培养与训练，提升他们的层次与档位，也是兴校、强校的重要举措，各高校必须加大练内功的力度。

其一，学校必须通过各种有效的方式与途径加强在职教师创新能力的培养与训练。各高校要鼓励教师积极参与各种教研、科研活动，增强创新能力，提高创新素质。学校可以通过"以老带新"的方式，使青年教师快速提高，脱颖而出；可以通过大师、名师、学科带头人、学术骨干组成各种科研方阵与梯队，带动各学科的教师共同开展各种研究与创新活动；可以鼓励教师以不同的形式、不同的身份，积极参与企业、社会团体、政府机关、高校科技园等方面的科研与创新活动，通过实践磨砺，增强创新能力与创新素质；可以开展各种形式的教学改革竞赛、创新活动竞赛，激发教师的创新意识、创新激情，增强创新的能力与素质；可以通过重点扶助、跨越式突破的方式培养大师与帅才。

其二，鼓励在职教师求学深造，提升层次与档位。各大高校应制定一些优惠政策与措施，鼓励、扶助在职教师继续求学深造，提升这些优质资源的层次与档位，达到增强师资力量的目的。

其三，积极组织教师参与国际合作、交流、研讨等活动，开阔视野，提高教学与科研的水平。面对教育国际化的发展趋势，各高校应把握机遇，尽量创造条件，组织一些优秀教师参与国际的一些教研、科研活动，一些学术交流与

研讨活动；尽量创造条件，举办一些大型的国际的学术交流与研究会议；尽量争取和国外的一些名牌大学、知名高校进行联合办学，或建立合作、协作关系等。这样不仅能开拓教师视野，增长能力、才华，而且能尽快达到提高教学与科研水平的目的。

（三）全面创新教师队伍建设

全面制定师资队伍建设规划，有目的、有计划、有步骤地打造创新型优秀教师队伍。高校的师资队伍建设也是一项复杂的系统工程，需要有长远的规划与具体的实施方案。学校必须根据不同的学科、不同的层次、不同的类型，制定师资队伍建设的长远规划与近期目标，制定配套的实施方案与相关政策，有目的、有计划、有步骤地打造一支创新型优秀教师队伍。学校必须根据自身的发展与需要，对师资队伍建设进行科学的分析与研究。不仅要分析培养大师、名师、学科带头人、骨干教师的计划，而且要分析研究实施这些计划的条件与措施，还要分析研究具体的实施步骤与方案，制定相关的政策与措施。

（四）建立突出创新能力、创新素质培养的师资培训机制

通过轮训、培训的方式提高在职教师的素质与水平历来是加强师资队伍建设的重要方式与途径。然而，传统的师资培训机制弊端较多，其中最关键的是忽视创新能力、创新素质的培养与训练。这样的培训机制已适应不了打造创新型优秀教师队伍的需要，必须进行有效的改革。

其一，培训的宗旨与主要任务是增强创新能力与创新素质。各级各类师资培训中心或机构，必须把提高、增强教师的创新能力与创新素质作为培训的根本目的。各级各类师资培训中心或机构要尽可能学习、了解与掌握一些创新理论、创新方法；尽可能介绍一些国内外本学科、行业的一些创新研究与创新成果；尽可能地参与一些教研与科研活动；尽可能地布置一些教研、科研任务进行集体研讨。在理论学习中进行研究、创新，通过研究、创新加深对理论的理解与灵活运用。

其二，多开展一些灵活多变的短期培训。各级各类师资培训中心或机构利用假期开展各种形式、各种类型的短期培训，增强教师的教研、科研能力，这对提高创新素质是非常有效的方式。短期培训的时间不长，必须主题突出、任务明确、内容不宜过多，可以侧重于创新理论、方法的学习、探讨；可以侧重于学科某些方面改革的学习、探讨；可以侧重于教学改革某些重大问题的学习、探讨；可以侧重于大师、名师教研、科研方面的经验介绍以及对学科发展

趋势的分析、探讨；可以侧重于请国内外大师就某些教研、科研的理论、方法进行分析、指导；可以设计一些项目与程序，侧重于对某些创新能力、创新素质进行培养、训练；等等。总之，必须主题突出、任务明确，侧重于教研、科研能力与创新素质的培养、训练，并且尽量采用探讨、研讨的方式进行，力求实效。各级高校师资培训中心与各大高校必须对创新型师资培训问题进行深入的探讨与研究，利用各种有效的培训方式，对高校教师进行培训，尽量增强他们的教研、科研能力，提高他们的创新素质，以适应"创新教育"发展的需要。

（五）推行"柔性""弹性"制，实现优质资源共享

近年来，有不少高校为了提高本校的声誉，为了促进本校的教学与科研上台阶、上档次，为了开拓本校教师的视野，提高教师的教研、科研能力，推行教师编制"柔性""弹性"制，大量聘请国内外的一些大师、名师作为名誉教授、客座教授、讲座教授、特聘教授、兼职教师等，利用他们定期的或不定期的教学、讲座与教研、科研指导，促进学校教研、科研的发展，促进学校师资水平的提高，取得了好的成效。

三、建立科学、合理、公平竞争的激励机制

每个高校教师都具有较好的潜质，都有可能成为一名优秀的创新型教师，关键是要通过一些有效的激励方式，促进他们奋发向上、顽强拼搏，不遗余力地去钻研、去创新，使他们的潜能、潜质得到充分的发挥。

（一）引入竞争机制，促进教师拼搏创新

为了能充分调动广大教师的积极性、上进心，必须全面引入竞争机制，促进教师顽强拼搏、奋发向上，不断创新，不断完善、提高。

1. 实行竞争上岗、择优录用制

高校应实行全员竞争上岗，对于各类教职员工都要制定明确的教学、科研及其他任务，然后竞争上岗，各部门要对竞争上岗人员的资格、资质进行严格的考查和审核，择优录用。对在一定的时期内没有达到规定要求的，给予下岗或待岗。对于引进的人才，在一定的时间内达不到既定的要求或完不成签约规定的任务，给予解聘或辞退。

2. 引入能者上、平庸者下的竞争机制，让优秀人才脱颖而出

在中层干部的选拔过程中，在学科带头人、学术骨干的遴选过程中，要引入能者上、平庸者下的竞争机制，尽量让优秀人才脱颖而出。对于聘任的中层

干部，遴选的学科带头人、学术骨干等，在一定的时间内没有大的作为的，应取消资格或解聘。为了使国家重点实验室始终保持较高水准和运行效率，我国对其实行优胜劣汰的动态管理机制。长期运行较差、创新成果少、人才流失较为严重的国家重点实验室将会被取消资格；而研究实力强、成果突出、人才聚集的优秀部门、重点实验室通过遴选评审，将有机会进入国家重点实验室行列。实践证明，优胜劣汰的竞争机制使国家重点实验室不断进取，始终保持在国内较为领先的整体水平。这种优胜劣汰的竞争机制值得各高校借鉴。

3. 实行技术职称聘任制，废除职称终身制

对于各种职称要制定明确的任务要求，对于聘任期间没有达到规定要求的可以解聘或降低聘任等级；对于聘任期间出色完成规定要求的，可以提高聘任等级，实行高职称低聘或低职称高聘的竞争机制。对于在规定时间内职称上不去的教师可视为自动解聘。

（二）打破分配上的平均主义，实行"优劳优酬"的分配原则

分配制度是教职工最关注的敏感问题，对于调动教职工的积极性、上进心，对于师资队伍建设具有非常重要的作用与影响，各高校不能在这方面掉以轻心，必须进行认真的分析和探讨。

1. 要因事设岗，定岗定酬

各高校应该根据岗位性质、功能、作用的不同设立岗位与岗位津贴。对于承担重大科研、教研攻关任务的岗位，对于承担重点学科、品牌学科建设任务的岗位，要提高岗位津贴的档次，拉大岗位津贴的差距。高校领导要认清"优劳"与"多劳"的本质区别，转变"多劳多得"的观念，懂得"刀耕火种"与搞科学研究是不能相提并论的，只有"优劳"才能多得。

2. 实行岗位津贴浮动制

在定岗定津贴的基础上实行岗位津贴浮动制。"以业绩定收入，凭贡献拿报酬"，这是市场经济基本的分配与激励规则，高校也应按照这个规则去做。不同的岗位与不同的岗位等级都有明确的岗位责任与任务要求。对于出色完成岗位任务的教师可以上浮一级岗位津贴的等级；对于没有达到岗位责任任务要求的教师，可以下调一级岗位津贴的等级。

总之，岗位津贴要严格与岗位责任、任务挂钩，与完成的业绩挂钩。即使同是博导、教授、副教授等，如果完成的岗位任务不同，取得的业绩与所作的贡献不一样，在津贴分配上会有不同的等级，有较大的差距。要彻底改变上岗、受聘以后干好干坏一个样，干多干少一个样的不良状况，彻底打破分配上

的平均主义，真正体现"优劳优酬"。

（三）重点奖励优秀人才与重大科研成果

对于在教研、科研及其他创新活动中获得重大成果的优秀教师，除给予配套的经费，提高岗位津贴的等级外，还应给予重点奖励。学校必须设立专项的奖励基金，制定奖励细则。要通过重奖激励广大教师奋发向上、努力创新，既达到兴校、强校的目的，又达到提高师资水平的目的。

总之，高校必须建立一个科学、合理、公平竞争的激励机制，使每个教师都具有一定的危机感、紧迫感，能积极主动去钻研、去拼搏、去创新，使每个教师的潜质、潜能都得到充分的发挥。这样，不仅能充分发挥这些优质资源的功能与作用，而且能使这些优质资源在激烈的竞争中不断得到提高，不断完善。相反，如果高校缺乏相应的竞争激励机制，不仅很难调动大家的积极性、上进心，难以激励大家去钻研、拼搏、创新，而且可能导致大家的惰性增长，不想去拼搏、奋斗。

四、构建创新平台，营造创新氛围

师资队伍的建设受诸多因素的影响与制约，尽量为高校教师构建一个施展知识、能力、才华的创新平台，营造一个良好的创新氛围，也是一个好的举措。

（一）尽量创造宽松的工作与创新环境

科学研究与创新是艰辛的耕耘，既需要长期的探索、钻研，也需要有多方面的支持、协助或共同探讨，还需要有一个宽松的工作与创新环境。各高校应加强这方面的研究与探讨，尽量为教师创造一个宽松的工作与创新环境。

1.要创造一个自由、开放、宽松的教研、科研环境

现代科学越来越趋向于复杂和综合，许多重大科研成果的取得，往往是来自交叉和边缘学科。科学与技术的互动，自然科学与社会科学的相互渗透，国家之间的科技交流与合作，已成为当今科技发展的重要特征。以合作与竞争互动为特征的科学群体，已成为当今科学研究的主导力量。美国麻省理工学院的多媒体实验室，从事多媒体研究的人员来自各行各业，有哲学、心理学、宗教、儿童、艺术、生物、物理学方面的专家，搞计算机的并不占多数，每周都有的免费午餐会往往出现激烈而友好的争论。这种大跨度、多学科的撞击往往会产生一些创新的火花。然而，我国的学术研究还很闭塞，部门与部门之间、

研究室与研究室之间、课题组与课题组之间缺乏学术交流。在当今大科学研究、交叉学科研究已成为主导的情况下，在科学研究国际化的趋势下，开放是创新的灵魂和源泉，高校必须对此有充分的认识。

2. 制定有利于教师开展教研、科研活动的业绩评估体系

高校对引进人才的考核，3 年为一个期限，不做工作量的考核，只做业绩考核，完成多少教学工作量、科研工作量不是重点，出了多少篇高水平论文、论著或专利等工作业绩是长期考核的重点。这使科研人员不必一天到晚考虑完成了多少工作量而出去找钱，业绩考核使科研人员能在宽松的环境中集中精力潜心作研究。另外，学校对教师的业绩考核也进行了重大改革。过去学校的考核是针对每个教师的，现在考核主要针对学术带头人及其所带领的研究室。这样，学术带头人可以比较自由地安排人员的工作。如有的人侧重于学科建设，有的人侧重于争取项目或者教学方面，他们可能今年没有发表多少文章，但他们在各自侧重的方面为学校作出了很大贡献，学校把其列入考核范围之内。这样可以发挥各自的力量与特长，并有效地集中起来，形成联合优势。

对于部分拔尖人才，高校在经过一定程序后，可以连续几年时间让他们专心搞研究，每年向学校报告这一年做了些什么即可。这样的改革为教师的研究创新创造了有利条件，有利于教师专心致志地进行教研、科研活动，这值得各高校借鉴与探讨。

3. 建立友好和谐的工作环境

心理学研究表明，良好的心态与情感体验有利于提高人的学习、工作效率，有利于激发人的学习、工作热情与积极性、上进心。作为高校来说，更需要有一个友好、和谐的工作环境，同事之间能够相互理解、相互关心、相互爱护、相互帮助、相互提高。这样，不仅能使大家形成一种亲密、友好的人际关系，产生一种良好的归属感，而且能使大家同心同德、群策群力，为实现各种共同目标而奋斗，从而更有利于师资水平的整体提高。相反，如果缺乏友好和谐的工作环境，同事之间相互明争暗斗、争名夺利、尔虞我诈、相互排斥，就会导致人心涣散、斗志松懈，学习、工作的积极性严重受损，更不愿意去努力创新。因此，高校各部门的领导必须尽力为教职工创造一个友好和谐的工作环境，不仅要多进行这方面的宣传教育，还要制定有关的规范、措施，防止各种不利因素与不良行为的形成、出现。

（二）体现人文关爱，尽量为教师的教研、科研创造良好的条件

为了能使教师潜心钻研，积极开展各种教研、科研与创新活动，高校必须

尽量关心、爱护教师，为他们解决各种后顾之忧，尽量为他们的教研、科研与创新活动创造良好的条件。

对教师体现人文关爱，并尽量为他们的教研、科研提供良好的条件，一方面有利于调动他们的积极性、上进心；另一方面有利于促进他们早日成才，早出成果，多出成果，充分发挥他们的功能和作用，促进学校教学与科研工作的快速发展。

（三）倡导理解、宽容精神，营造良好的学术氛围

宽容主要是指宽厚地对待与容纳他人的思想与行为。宽容是人类生活的一种智慧和精神，是建立在对他人的尊重、理解与信任的基础之上的，是以人为本精神的充分体现。高校必须倡导理解宽容的精神，给予师生员工的活动更多的容纳性。

1.要理解、宽容某些不足和陋习

俗话说："金无足赤，人无完人。"每个人由于受各种因素或文化基因的影响，都具有一定的长处与短处，都可能存在这样或那样的不足，即使是伟人也可能如此。因此，学校必须对他人的一些不足或陋习予以理解与宽容。蔡元培任北大校长时，聘来讲授"英国文学"的辜鸿铭，上课时还要带一童仆为他装烟倒茶，他"一会儿吸烟，一会儿喝茶"，"学生焦急地等着他，他一点也不管"。对此，蔡元培并不生气。蔡元培认为，辜鸿铭是当时通晓中西学问和多种外国语言的难得人才，他上课时展现的陋习固然不好，但这并不会给他的教授工作带来实质性的损害，因而他生活中的陋习完全可以宽容。还有聘来教中国古代文学的刘师培也很奇异，他给学生上课时"既不带书，也不带卡片，随便谈起来"，且他的"字写得实在可怕，就像小孩描红似的，而且不讲笔顺"，"所以简直不成字样"。这种情况，以当今大学的一些教学规范要求来看，他应是很难上讲台的。然而，刘师培讲课却头头是道，援引资料，都是随口背诵，同学们都很佩服，且文章没有做不好的。这从本质上又可知，刘师培的确是一位有很高水平的大学教授。这样的大学教授有些自我任性或短处，自然不必大惊小怪，理当宽容。歌德说过："要求旁人都合我们的脾气，那是很愚蠢的。"蔡元培先生这种善于量用人才的胸怀与睿智，值得当今高校的领导学习或借鉴。其实，真正的智者是善于充分调动人才的积极性、上进心，能充分发挥他们的长处与优势，并能对他们的不足或陋习给予理解与宽容。相反，那种不能理解与宽容，苛刻求全的做法，是扼杀人才的愚蠢行为。

2. 张扬学术宽容，建设真正宽松的学术研究环境

有专家认为，只有张扬学术宽容，建立真正宽容的学术研究环境，人们才能得到最多的社会信任和自我尊严，更容易把追求客观真理、国家正义与社会公正看成自己的责任。这样，才容易逐渐唤醒有独立思想、独立意志、独立批判精神的自我，才能真正摆脱非我力量的压抑而使自我潜能自然地释放出来，也才会在一种自我统御的精神中大大增强学术批判的勇气与学术创新的能力。因此，张扬学术宽容，一方面是要真正倡导学术自由。无论是前辈还是后起之秀，不管是大师还是无名小卒，在学术研究中都是平等的，都能进行自由的探索、创新，都能自由地发表自己的见解，而不应当以权威压制人，以名望排挤人，以资历轻视人。要宽容青年人的"幼稚"或"狂妄"，要给他们更多自由发展的机会与空间。另一方面，要倡导学术批判精神。高校必须倡导学术批判精神，必须永远保持一个在真理面前人人平等的学术氛围，鼓励相互质疑、争鸣，鼓励发表不同的看法与意见，尤其是领导与学术前辈、学术权威，要宽容、大度，率先倡导这种精神。

3. 倡导宽容失败的科学思想

俗话说，"失败是成功之母"，没有失败的教训，就很难有成功的经验。在科学研究与创新活动中，失败是不可避免的。高校要倡导宽容失败的科学思想，对于在教研、科研与其他创新活动中遭受挫折、失败的教师员工，要能够理解、宽容，多给予关心、帮助、鼓励，少讽刺、挖苦、嘲笑，尤其是大师与权威人士，要多给失败者引路搭桥、指点迷津，帮助他们走出困境或低谷，迈上成功之道。

总之，高校的师资建设也是一项复杂的系统工程，需要做方方面面的努力，才能达到预期的目标，尤其是要打造一支创新型的优秀教师队伍，需要进行很多方面的探讨与研究。

第四章　学校科研工作与创新型人才培养

第一节　大学生科研发展

一、我国大学生科研团队的兴起

1995 年，清华大学借鉴美国麻省理工学院的经验，在国内首先提出了"学生参加研究工作计划"，并于 1996 年开始实施。该计划旨在加强对学生创新意识、创新能力的培养，调动学生主观能动性，提高学生综合素质与能力，有意识、有计划地对学生进行因材施教。该计划的开展已经取得了很多积极的成果，对学生创新意识、创新能力的培养有重大意义和作用。1998 年，浙江大学实行了大学生科研训练计划，是本科实践教育教学改革的重要举措，被国内外教育界普遍认为是培养大学生科学素质的有效途径。该计划尽可能为每个学生提供科研训练的机会，并在培养学生的自主学习能力和科研创新意识方面取得了不错的成绩。为学生构建自主学习、研究的平台，是培养大学生科研意识、科研能力和科研创新能力的重要途径与举措。自此，大学生科研训练成为提升大学生创新能力的重要途径，随后从理工科院校扩展到医学院校，在全国范围内涌现出一大批与医学生科研能力培养有关的活动，掀起了医学本科教育改革的热潮。

培养学生科研能力已成为当前我国研究型大学本科教育改革的一个热点，学术界关于这方面的研究日益增多。2007 年，教育部以"国家大学生创新性实验项目"的形式支持大学生科研，将"国家大学生创新性实验项目"纳入国家质量工程，确立本科教学改革方向，即基于大学生科研的课题式教学模式的改革。随后，各省市、各高校纷纷将大学生科研纳入质量工程，实施教学改革。国家大学生创新训练项目计划的实施，首次在国家层面实施直接面向大学生立项的大学生创新性实验计划项目，批准 120 所高校立项实施 16 340 个项目，提高了国内研究型大学创建大学生科研项目的积极性，增加了学生参与科研的机会，并取得了一些研究成果。

大学生科研活动，以项目（课题）为载体，包括科研选题、问题提出、课题设计、数据统计分析、得出结论等全过程，是大学生在教师的指导下以合作、协作的方式与教师和其他团队成员共同解决问题、完成课题研究。他们带着问题进行科研训练，紧密结合知识理论体系，并在科研训练中，补充新的理论知识和实践技能。通过自身不断验证现有理论、发现问题、克服困难、解决问题、总结经验、获得新知的实践过程，实质上是学生在已有知识技能基础上，在教师的指导下，以自我为中心，依靠自己建构对科学知识、技能的理解并进行创造性、探究性的学习过程。在此过程中激发了大学生的创新意识，培养了他们的创新能力。

二、大学生科研活动的特点

（一）创新性

大学生科研是大学生进行的探究、调查、分析等活动。通过这些活动，可以得到学科领域创新性的结论，为学科的发展作出原创性、创造性的贡献。客观而言，一般的大学生科研很难达到这一标准，结合本科教育的特点，大学生科研主要是大学生通过科研活动获得对其自身而言属于创新性的知识，培养大学生的科研创新潜质和科研能力。

（二）协作性

相对高校教师和科研人员，大学生一般不具备独立科学研究的能力及经验。绝大多数科研活动超出了他们现有的知识水平和技能范围，在教师指导下，教师、实验人员、大学生协作完成科研项目成为必然。无论是学生参与教师的科研项目，还是学生独立申请的科研项目，大学生科研训练都离不开教师的指导和团队的协作。

（三）公开性

借助网络、期刊等媒介，公开大学生科研活动和成果（涉密科研项目除外），可以加强科研成果宣传与传播，搭建学术交流平台，共享学术成果，促进科学的进步与发展；可以促进师生间科研交流和互动，提升科研意识和科研能力。

（四）教育性

大学生的科研训练涵盖课程教学、科研实践环节等诸多内容，可以促进学生知识增进、能力增长和素质增高，增强学生学习经验和情感体验。大学生科研训练以培养学生"实践创新"能力为核心，提高学生的综合能力和综合素质，是创新人才培养的重要环节。

三、大学生科研经历与科研能力

科研能力是一项综合的能力，包括查阅和处理文献资料的能力、实验设计能力、实验操作能力、实验数据的统计处理能力及实验的总结和论文撰写能力等。对于大学生这一特殊群体而言，大学生科研能力的培养被赋予了特殊的内涵。《中华人民共和国高等教育法》中第十六条明确提出："高等学历教育分为专科教育、本科教育和研究生教育。本科教育应当使学生比较系统地掌握本学科、专业必需的基础理论、基本知识，掌握本专业必要的基本技能、方法和相关知识，具有从事本专业实际工作和研究工作的初步能力。"本科教育阶段主要是培养大学生初步科研能力，其目的是为毕业后走向工作岗位和继续教育奠定基础，并不期望在本科教育阶段培养研究型人才。从本质上讲，大学生科学研究实际上是在专业知识学习的基础上进行的探究性、研究性的活动。获取研究成果不是目的，而在于在运用已有知识和科学方法去探索新知识和解决新问题的过程中，使大学生具备科学研究能力，树立科学研究的意识、激发科学研究的兴趣、初步掌握科学研究的方法及培养科学研究的精神。具体而言，树立科学研究意识是指善于发现问题的探求欲；初步掌握科学研究的方法是指围绕如何解决问题而展开的研究方案的设计、实验的操作、实验数据的处理、论文的撰写等方面的具体方法；培养科学研究的精神是指培养大学生勇于质疑、勤于探索、不畏失败、精诚合作、严谨求实等优秀品质。这些都是创新人才必备的基本素质。

四、高校应树立科学的教育理念

教育理念是指导教育行为的思想观念和精神追求，它是一个综合性的概念。宏观的教育理念泛指关于教育发展问题的理念，如教育产业观、教育结构观、教育效益观等。微观的教育理念泛指关于教育过程问题的理念，如教育目的观、教育实践观、教育课程观等。

大学生科研提倡主动学习、探索学习，尊重个体的价值，是一种新型的教育理念，与传统的、落后的教育理念相对立。因此，开展大学生科研，高校必须从总体上树立一种科学合理的教育理念，并将这个理念贯穿于教学活动的过程中。首先，要树立个性全面发展的教育理念。个性全面发展包括人的全面发展、自由发展、和谐发展和充分发展。在大学生科研活动中，要尊重大学生潜能的多样性和完整性，促进大学生潜能最大化发展。其次，要树立终身学习的教育理念。终身学习是人为适应社会发展和实现个体发展的需要，贯穿于人的一生的、持续的学习。高校要树立大学生学无止境、活到老学到老的学习观，让学生认识到学校学习只是学习的一部分，人一生都要学习，要不断地获取知识，充实自己，发展自己。终身学习观能调动大学生的积极性，让大学生不断探索，坚持学习。最后，要树立大学生勇于质疑、敢于批判的教育理念。勇于质疑和批判是培养学生开发批判思维的一种重要方式。高校树立勇于质疑的教育理念，鼓励大学生质疑和批判，能锻炼大学生开放性的思维能力，从而更好地进行科研活动。因此，高校应树立科学的教育理念，为大学生科研活动提供理念支持和人文环境，调动大学生的热情和积极性，鼓励学生积极主动地进行科研活动。

五、大学生科研发展的不同阶段

大学生科研能力的发展是随着知识结构、年龄结构、社会经历、实践经验、个性特征等发展而发展的。大学生从入学到毕业，经历的四年或五年系统科学的专业学习，他们的思想观念、认知能力、实践能力都有很大的改变和提升。在不同时期，大学生的思维和能力随着科研的开展而有所不同，因而应该对不同阶段的大学生有针对性地开展不同形式的科学研究。在大一时，学校应积极开展各种丰富多彩的校园活动，调动学生的热情，培养他们在某一方面的兴趣。学校可以通过研讨会、辩论会等形式培养大学生的独立思考能力和逻辑判断能力，使他们敢于质疑，敢于批判，敢于提出自己的观点和见解，为独立自主的研究和创新奠定基础。在大二、大三时，学生处于系统学习专业知识的阶段，已有一定的知识积累和研究能力，学校应开展各种科研活动，鼓励他们将理论知识运用于实践，在实践中深化对学科专业的认识。在科研活动中，要重点培养大学生的辩证思维能力和突破性思维能力，使学生摆脱传统的思维模式，用发散性的思维观察问题、分析问题和解决问题。在大四、大五时，学生通过三年专业系统的学习，自主学习能力和自主研究能力得到一定的提升，在这个阶段要培养学生的团队合作精神和自主创新能力。学校应通过校外实习基地、科研竞赛、创业计划等方式来培养大学生的科研能力和创新能力。此外还要注意开发学生的创新潜能，高校可以组织学生对一些有难度的课题进行深度研讨，让学生创新潜能充分释放，从而培养大学生的创新能力和科研能力。

六、以科研为载体培养大学生的创新能力

通过大学生科研平台培养大学生的创新能力，即利用课堂教学、科研立项、创新团队等各种不同的方式，进行课题研究、实验开发、创新项目设计，以此来最大限度地激发大学生的求知欲望、探索精神，掌握创造的方法，获得终身学习和自主发展的能力。高校的科研平台主要有学校、院、系等组织的学术活动、科技竞赛活动、创业创新大赛、科研立项等。通过建立科研平台，鼓励大学生积极参加，进行必要的科研训练，能让大学生参与科学研究的全过程，明确科学研究的基本要求，掌握科学研究的基本方法，提高学生运用所学知识发现问题、分析问题和解决问题的综合能力，更好地进行科学研究，从而培养大学生的创新能力和实践能力。此外，高校还应当尽量向大学生开放专业实验室，并指派专门的教师进行指导，使学生有更多机会了解学科前沿动态和参与科学实验。因此，高校应该构建科研平台，以科技创新活动为载体，通过内容丰富、形式多样的活动开展课题研究，培养学生的创新能力。

七、加强教师在大学生科研中的指导作用

韩愈在《师说》中说道："师者，所以传道授业解惑也。"由此可见，教师具有传授知识、解惑答疑的作用。在当代，教师的作用不仅限于传道解惑，还能影响学生的价值观、人生观，培养学生丰富多彩的兴趣、坚强不屈的个性和诚实守信的人格。在教学中，教师是学习活动的组织者和引导者。大学生科研就是在教师的指导下完成的，没有教师的有效指导，大学生科研就无法顺利开展和完成。为了有效地开展大学生科研，培养大学生的创新能力，高校必须在以下几个方面加强教师的指导作用。首先，要提升教师的知识储备和个人素质。大学生科研课题，一般蕴含着新的知识和理论，具有与时俱进的特征，这要求教师有丰富的知识储备和多样化的知识结构。新型教师知识结构应是有深厚的专业知识、广博的基础知识，实现"博专结合，博中求专"的辩证统一。此外，教师还要在教学和科研中，不断提高自己宽容、理解、负责、友爱等方面的思想素质。其次，教师要转变教学观念，改变教学策略，创造性地进行教学。在大学生科研中，教师要摒弃传统的教学观念，形成以学生为中心

的、科学的学生观、教学观和评价观。教师要转变角色地位，从传统的知识传授者转变为学生学习的指导者、促进者，指导学生自主探究。同时，教师要鼓励学生自主思考，主动查阅资料，创造性地分析问题和解决问题。最后，要构建自主、合作、协商的新型师生关系。大学生科研重视学生的思维方式和个人体验，学生是学习活动的行动者、作用者，教师是指导者、参与者。因此，教师在师生关系中，应该从"领导者"转变为"合作者"。由于大学生科研强调学生知识的自主构建，强调教师对学生的指导，强调师生之间的平等协商，因此，在大学生科研中，应建立一种自主、合作、协商的新型师生关系。教师要在学习中，鼓励学生自主探索，与学生互动合作，对问题进行协商和沟通，寻求共同的认识和解决问题的策略。

第二节　创新实验在创新教育中的意义及实施步骤

创新是科技发展的灵魂，目前不少高等学校都开设创新实验，并将创新实验纳入创新教学计划中。下面就在本科生中开展创新实验的意义和要求进行论述，并就如何开展创新实验进行讨论。

一、设立创新实验的意义及要求

通过专业基础课及专业课的理论学习与实验操作训练，各专业的本科生基本上对所学专业的理论基础及专业知识有了较系统的了解，也对各专业中某些问题产生了浓厚的兴趣。目前非文、史、哲等专业实验内容的训练主要是在教师指导及前期准备情况下的"菜单式"操作，其目的是通过实验加深对现有理论知识的理解和对实验技能的掌握。在基础实验训练阶段，每个实验基本上是分单元的单个实验，实验的目的、步骤、结果基本上由教师预先设定，是教师"带着走"。而创新实验则完全不同，它是一次创新实践。创新实验是在前期学习基础上通过自主设计、独立完成、撰写论文式报告等综合环节的锻炼，引导学生把各门知识融会贯通，理论联系实际，勇于探索，敢于创新。

创新实验是创新教育的主要环节，应包括创新精神和创新能力的培养和引导。创新精神主要指在实验过程中表现出来的那种自觉的、勤奋的、实事求是、不折不扣和敢于冒险的精神；创新能力是指对某一问题的观察力、想象力、解决能力等。通过创新实习，达到培养学生具有分析问题和解决问题的能力以及自主开发新技术的研究能力，为以后的毕业论文或毕业设计及走上工作岗位开创新工作打下坚实的基础。

创新实验应是整个实验教学的重要一环。创新实验在教学形式上与传统的基础性及专业性实验的主要区别在于，整个实验以学生为主、教师为辅，教师的主要作用是引导和辅助，如介绍实验室现有设备条件，帮助学生选题，组织学生立题答辩和评定实验成绩。创新实验内容不受以前单项实验操作的限制，鼓励学生创新，支持学生将基础学科的知识应用于各专业或解决某一现实问题，鼓励学生团结协作，引导学生开展同一主题下的若干个小实验的分工协作，以培养学生的团队意识和团队精神。

二、创新实验的实施步骤

（一）选题

创新实验的选题正确与否是保证在有限时间和有限条件下能否顺利完成实验的关键。选题是整个研究工作的开始，可谓万事开头难，即使是工作多年的科研工作者，选题也不是一件易事。研究选题是一项严肃的研究工作的开始，它没有固定的模式，需要有较广博的知识和敏锐的洞察力。在本科阶段进行这方面的初步训练，可为今后在工作岗位上创新性开展工作提供前期准备。下面介绍选题的基本原则供学生参考。

1. 科学性原则

科学性原则是指任何选题都应以已知的科学理论或技术为基础，即使是一些看似异想天开的选题，其实也蕴藏着科学性。历史上许多人进行所谓永动机的研究就是无科学性原则的选题，所以不可能成功。因此，在确定选题前一定要学会查找相关文献，在前人研究的基础上更进一步。

2. 创新性原则

创新是人类发展的灵魂，没有创新就没有发展。创新包括创新能力和创新意识。在创新实验中最重要的是培养学生的创新意识。如何才能创新呢？在继承前人科研成果的基础上，前进一点就是创新。例如，在前人工作的基础上有所发现、补充或者修正，或者用已经知道的方法研究一些没有研究过的内容等都是创新。再比如，从苋菜中提取苋菜红作为天然食品添加剂，这也是创新。

3. 应用性原则

广义上讲，凡是具有科学性的课题都有应用性，因此研究选题时不应过分强调其应用性。但作为各应用学科专业的学生来说，在选题时考虑其应用性还是有必要的。选题的应用性可理解为，通过本次研究能解决生产及人们生活方面的某一问题。这也是培养学生理论联系实际、分析问题和解决问题能力的一次极好机会。

4. 可行性原则

可行性是指从主客观两个方面的条件来判断课题能否完成的可能性。客观条件指研究所需要的实验设备、药品和资料；主观条件是指研究者的知识背景、研究经历和可能的时间。千万不可把研究的内容铺得太宽，做别人早已做过的内容，要根据自己的兴趣和爱好，就其某一点开展或与同学共同开展探索性研究。如何才能做到立题有新意呢？可通过图书馆和网络，查找相关文献，研读后进行吸收消化，掌握要研究领域的进展与动态，然后提出某一研究主题。创新性实验毕竟只是学生今后进行研究工作的开始，时间又短，要在规定的短时间内使某一实验内容有把握完成。因此，一旦主题确定后，如果1个人在2～4周完成不了实验内容，则应单列若干个子实验内容，由多名同学分工完成。选题确定后，就要着手撰写立题报告。立题报告的内容主要包括研究的内容、目的、该研究的国内外进展、实验方法、进程安排、预期结果等。如果立题报告被获准，就要制定详细的实验方案。

（二）实验方案的制定

实验前必须制定周密易行的实验方案，认真考虑其方案的合理性和可行性。合理性是实验设计能够围绕实验目的，可行性不仅是指实验内容理论上可行，而且也包括现有设备条件的可操作性。

1. 实验方案的实施

一旦实验方案被确定，就可按实验方案进行实验。实验方案的实施是整个实验工作的重点，所有的结果都是从中获得的，从而达到解决问题的目的。实验过程必须坚持严谨的科学态度。由于时间限制，尽量不要更改实验内容，如实整理实验结果即可。

实验实施一般遵循如下步骤：实验准备、预备实验、正式实验。

（1）实验准备。对实验所要用到的试剂、材料、设备等要一一落实，不会操作的设备一定要在动手实验前学会。实验准备得越充分越好。

（2）预备实验。在正式开展实验前对一些尚未接触过的或关键的实验过程要进行预备实验，主要目的是进行实验方法及一些影响因子的确定。由于时间有限，应尽量把变数控制得少些，使一个因子改变就可得到实验结果。

（3）正式实验。实验结果是从正式实验中得到的。在正式实验过程中，一要做到客观性，真实记载实验结果；二要做到全面性，不能以点概面，以偏概全，如 pH 对酶活性的影响，至少做 5 个不同的 pH 对其影响的实验，才可反应其间的关系。

2. 实验结果的表达

实验结束后应及时整理实验结果和拟定实验报告。实验结果的表达强调客观真实，这常常涉及将实验数据或制成表格或作图加以分析。什么情况下将实验结果制成表格，什么情况下制成图是有一定区别的。制表的好处是能把实验结果中可比的数据或观测结果以简捷、整齐的形式表达出来。这样在写作论文时就省去了许多雷同的文字，一目了然。但制表要注意以下问题：其一，表的标题要正确明了，使人一看就知道该表的内容；其二，栏目内容要合理直观。有些实验结果用图表示比用表表示更清楚。

3. 实验板告的撰写

在传统的基础性及专业性实验训练中，实验结束时都要作实验报告。由于实验目的、实验方法和实验结果较为一致，因此实验报告的撰写也较简单、统一，甚至"千人一面"。在创新实验中则要求学生学写科研报告或研究性论文。科研报告与以前的实验报告有很大的不同。写好科研报告不仅有益于创新实验的总结，也有益于同行间的交流。虽然每个学生的创新实验内容大相径庭，研究性报告的内容也大不一样，但其研究报告的论文形式、写作方法及步骤则是大体相同的。这就要求学生掌握科技论文写作技巧，按科技论文的一般要求来谋篇布局，让自己的实验研究结果有一普遍接受的表达格式，以利于读者阅读、理解文章并把握要点。

（1）科技论文写作的基本要求。学习科技论文写作是创新性实验的重要内容之一。通过对实验数据的整理、分析和归纳，从中找出规律或新的发现。一般来说，论文写作的基本要求如下。

①科学性。科学性是衡量其学术技术水平和价值高低的主要标准。论文的科学性主要反映在立论、论据和论证三个方面。在立论方面必须从客观实际出发，不得主观臆造，所做出的结论要客观而实际；论据要充分，要尽可能多地占有经观察、调查、实验后得到的资料，使立论有确切、有力的论据；论证要严谨而富于逻辑性，要根据事实材料、遵循逻辑规律做出合理的判断。

②创造性。创造性是科学研究的生命。如果科技工作者只会继承，不会创造，那么就无所谓人类文明和科技的进步。有创新才有价值，才有发表和交流的必要。

③保密性。论文中不能涉及国家的政治、经济和技术机密，不得引用保密资料，不能泄露国家机密。

④规范性。规范性是指论文的字词、语法及单位要规范化，图表、公式及符号也要规范统一。论文写作时要用规范的简化汉字，用词要恰当，文字要简练；文章要通俗易懂，避免使用俗语、口语等非书面性语言。论文一般要用第三人称来撰写。学术上使用的名词术语以国家正式公布的为准，学术术语一般用全称，如用简称，可在全文第一次出现时用全称，在其后用括号标明简称，以后便可用简称。外国人名、地名以商务印书馆出版的人名、地名为标准。对未收录的人名、地名可采取自译名，并在其后用括号注上原文。

（2）科技论文写作的格式要求。科技论文一般包括以下部分：题目、作者、摘要、关键词、引言、材料与方法、结果与讨论、致谢、参考文献、外文摘要等。

在上述各部分中，初写者往往在摘要、引言等方面不知如何动笔。其实摘要的作用是供读者快速确定有无必要阅读全文。因此，摘要应简明扼要，独立成文，尽量不用疑难词和缩写词，不可用公式、图表和注释。摘要的写作内容是：本项研究的目的意义、实验方法和得到的研究结果。

引言是一篇论文的开头。当读者通过阅读摘要对这篇文章感兴趣时，就会通过阅读引言来了解本研究的来龙去脉。因此，在引言中首先要说明论文的主题，即解决什么问题，该问题的国内外研究进展；其次是介绍采取了什么研究方法，拟达到什么目的。其他各部分的写作注意事项请参阅相关专业期刊的"作者须知"。

（三）成绩评定

在本科生中开展创新实验，主要目的是培养学生的创新意识和创新能力。因此实验成绩不应以最后的实验结果正确与否为唯一根据，还要评价立题是否有新意、立题是否合理。另外，还将学生在实验过程中的操作能力、创新精神等内容纳入实验成绩中。实验成绩可按下式计算：实验成绩 = 立题报告 50%+ 实验过程 20%+ 实验报告 30%。

第三节 基于"科研—教学连接体"的创新实践体系的构建与实践

实施科教融合，建立"科研—教学连接体"，是将科学研究支撑高水平教学培养创新型工程人才的有效途径之一。中国海洋大学食品科学与工程学院近几年通过强化课堂"探究式"教学、开设教授指导下的创新性系列实验课实施"卓越工程师"培养模式和建立科教融合的激励机制等途径，较好地建立了"科研—教学连接体"，有效地实施了科教融合，取得了较好效果。

科学研究和人才培养是高校的两项基本属性与职能。实现高校"科研—教学连接体"，发挥高校科研育人的作用，是推动人才培养模式创新和提高本科生教学质量的重要举措之一。要真正达到科教融合，将涉及教学改革的方方面面。下面从本科生的创新实践体系的构建和实施层面，探讨现代高等教育如何以能力、素质培养为核心，充分发挥科研的育人功能，强化培养学生的创新精神和创新能力等问题。

一、实施"科研—教学连接体"意义

科学研究和人才培养是现代高等教育的两项基本属性与职能，也是教师和管理部门一个永恒的讨论话题。对于一所大学来说，教学是立业之本，科研是立说之道，它们就像自行车的前后轮，人的左右腿，教学与科研既相互关联又相互促进。然而，由于政策的导向，大多数教师对于科研积极性不高，加之科研与教学在教育资源的分配和利用上的矛盾，使在高等教育的实践中，科研与教学在时间及资源利用上常常相互割裂和冲突。因此，对于教育工作主体及教学资源来说，特别是对于研究教学型大学，在处理教学和科研的关系时，如何实现教研相长，真正成为"科研—教学连接体"，是目前值得研究的重点课题之一。

人才培养是高校永恒的主题，实施科教融合、建立"科研—教学连接体"的理念，就要求从更广阔的视角重新考虑人才培养的效果，就要将科研支撑高水平的教学作为人才培养的途径之一。①

在国外许多高水平大学里，本科生和教师及研究生一起从事原创性研究，都有机会获得在知识前沿进行探索的资源和分享学校积累的经验。国外学者普遍认为，如果每一位本科生都有机会，甚至被安排在有经验的教师指导下参与到原创性的研究或创造性的工作中，将会极大地丰富他们的实践经验，提高他们的学习主动性、积极性。正如 1989 年诺贝尔化学奖得主切赫（Thomas Robert Cech）所言，高水平的大学给学生最有震撼的教育并非来自课堂上课，而是让本科生进入研究实验室，他们在那里获得个人体验，接触最新的设备和尚无答案的问题。这些经验是他们毕业 5 ~ 10 年后也不会忘记的。正是这一点改变了他们的生活。因此，实施科教融合，建立"科研—教学连接体"，可形成以一流的科研促进人才培养质量提升的有效途径，真正实现高等教育质量的全面提高。

二、实施"科研—教学连接体"的途径

（一）开设"创新实验"选修课

创新是科技发展的灵魂。创新实验是创新教育的主要环节之一，应包括"创新精神"和"创新能力"的培养和引导。"创新精神"主要指在实验过程中表现出来的那种自觉、勤奋、实事求是、不折不扣地勇于探索和敢于冒险的精神；"创新能力"是指对某一问题的观察力、想象力、解决能力等。通过创新实验，达到培养学生具有初步的独立分析问题和解决问题的能力，以及自主开发新技术研究的能力。创新实验应是整个实验教学的重要一环。高校应在本科生中开设"创新实践"选修课，并列入专业教学计划中。

创新实验在教学形式上与传统的基础性及专业性实验的主要区别在于，整个实验以学生为主，教师为辅，教师的主要作用是引导和辅助，如介绍实验室设备条件、帮助学生选题、组织学生立题答辩、评定实验成绩等。创新实验内容不受以前单项实验操作的限制，鼓励学生创新，支持学生将基础学科的知识应用于专业或解决某一现实问题，提倡学生团结协作，分工合作完成同一主题

---

① 熊宏齐.论高校实验教学如何适应学生的自主选择要求 [J].实验技术与管理，2013, 30（1）：1.

下的若干个小实验，以培养学生的团队意识和团队精神。[①]

经过多年实践，开设"创新实验"选修课的高校，学生的"创新精神"得到了明显提高，但自主开发新技术研究的创新能力提高不快。有学生反映，自己的很多想法和产品研发构思，有的在国内外一些研究机构或高校中已经或正在开展了；还有些学生体会到，自己对某些项目当前研究的经验和新技术掌握太少，使一些想得到的创新成果很难得到。针对上述情况，高校在充分调研和教学研讨后发现，一所高校本科生创新水平的高低，随着现代教学技术的提高、先进教材的选用和文献资料获得的快捷方便，其关键性已取决于是否开设有高水平的实验和自主性研究的平台。为此，高校应本着科研反哺教学、科学成果转化成实验教学、培养学生的创新精神和创新实践能力的教学理念，在"创新实验"选修课之前，再开设创新方法类选修课程——创新系列实验课，并列入本科生人才培养方案中。

（二）教授指导下的创新性系列实验课

教师根据各自的设备条件和研究成果，开设课时不等的创新性实验，是实施"科研—教学连接体"的重要途径之一。创新性系列实验课旨在促进科教融合，及时把科研成果转化为教学内容，让本科生了解学科动态和新技术进展，培养学生创新精神和实践能力。

该课程倡导学生个性化发展，鼓励学有余力的学生自主选择实验内容，引导学生积极参加教师的科研工作，早进课题、早进实验室、早进团队，提高本科生的学校研究发展计划（SRDP）、国家创新性实践和毕业论文（设计）的水平。通过创新性系列实验课达到培养学生自主发现问题、分析问题和解决问题的能力，以及自主开发新技术的研究能力和团结协作精神，为未来走上工作岗位打下坚实的基础。

（三）实施卓越工程师培养模式

工程师的知识不仅基于自然科学，还基于社会科学和实践经验，因此工程教育要强调工程设计。同时，工程师的思维方法也不一样，工程师碰到的问题不是事物的对和错，而是提出各种各样的方案去解决它存在的问题。这条路走不通，换一条路走，这就是工程师解决问题的办法。所以，考试中的选择题不是培养工程创新的思维模式，创新型工程师的知识特征应该是宽、专、交相

---

① 于海燕.校图书馆文献信息资源建设现状与分析[J].科技情报开发与经济,2014,24(6):22.

结合。

　　我国传统的工程科技人才培养多沿着理论加上新技术前沿的培养，但这样培养出来的人，更多地转向理论研究，动手能力和解决实际问题的能力不强，很多专业的学生写理论性文章强，设计及开发产品能力弱。随着我国从制造大国向制造强国发展，强烈需要另外三类人才。第一类是既要有理论根底，又要有实践能力，而且要有多种专业知识的人才，这是交叉型技术人才，可以用于技术的集成创新；第二类需要有理论基础，有技术能力，同时要能够进行创新型设计的人才，这种人才在市场经济时代非常重要，能够进行产品的创意设计；第三类人才是既有理论基础又有技术能力，还有市场创意和经营能力的人才，这是很重要的人才。[①]

---

① 汪东风，林洪，徐玮，等.在本科生中开设创新实验的若干做法 [J].实验技术与管理，2008，25（12）：23.

第五章　本科教学质量与教学管理创新发展

第一节　本科院校教学管理创新的内容

2018 年 6 月 21 日下午，教育部组织召开了新时代全国高等学校本科教学工作视频会议，会议以"坚持'以本为本'，推进'四个回归'，加快建设高水平本科教育，全面提高人才培养能力"为主题。[①] 会议强调了要深化本科教学改革，而高质量的本科教学管理是深化本科教育改革、提高本科教育质量的前提和保障。这就对本科教学管理工作提出了更高的要求。

一、教育管理理念的创新

教学管理创新首先是教育管理理念的创新。"以人为本"应成为本科院校管理理念的基础。[②] 以人为本即以培养学生综合素质为出发点和归宿，注重发挥教师的创造性，培养学生的创新精神和实践能力。当前的教育管理不仅需要现代化的技术帮助，更需要以人为本的教育管理理念为指导。

基于以人为本的教育管理理念，高等学校教学管理人员应该积极为教学服务，达到教辅人员与教师之间密切配合，和谐统一。教学管理者必须做到以人为本，尊重人、关心人和依靠人，在管理上发挥专家、教授的积极作用，依靠学术精湛、教学有方的优秀人才优化教学管理工作。

---

① 靳玉乐，孟宪云."双一流"建设与教学革新[J].高校教育管理，2018（3）：16.
② 盛晔.论我国高教管理的创新思维[J].北京印刷学院学报，2018（1）：150.

二、教学管理模式的创新

教育管理模式的创新要求学校管理者要把管理能力目标转向效能目标，学校目标管理、质量管理、教育评价都要以效能的大小作为管理行为的出发点。教学管理不单纯是行政管理，还应具有学术管理和行政管理的双重功能，教学管理部门是学术管理和行政管理的综合部门。要提高管理水平，必须加强教学管理的学术功能，进一步健全和完善教学管理制度和措施。

创新教学管理制度，有利于合理配置教学资源，调动教与学两方面的积极性，形成优良学风和校风。教学管理制度的创新，是高等学校教学管理工作创新的核心。因此，本科院校要健全教务管理文件，使教学管理工作更加规范化、科学化，做到有章可循、有法可依，保障教学管理工作顺利开展。随着教务管理科学化程度的逐渐提高，教学管理人员必须学习新的管理知识、管理技术和方法，并在实际工作中大胆探索，不断创新，提高教务管理的科学性和现代化。

三、教学管理队伍的创新

教学管理人员是高等院校整个教学过程和教学运行评价的最重要的参与者，是教学管理的具体执行者、组织者和协调者，也是稳定教学秩序、规范教学管理的关键。管理人员的工作过程是一个不断实践、不断学习、不断创新、不断提高素质的过程。

在强化服务意识的同时，管理人员必须熟悉高等院校教学管理的具体内容，必须不断更新知识、更新观念，必须懂专业、懂学科，有效地组织协调教学活动，必须不断提高管理组织能力，协调应变能力、创新能力和运用技术现代化技术的能力。[①]

高等学校领导要切实注重对教学管理人员的培训和管理素质的提高，要把教学管理队伍建设放在与教师队伍建设同步发展的地位来考虑，要有一套完善的规划与措施，要建立常规的定期培训制度，促使其不断更新管理思想，提高管理水平和服务水平。

---

① 王麟娜.当前高校教学管理存在的问题及其对策[J].教育探索，2011（3）：91.

四、教育管理体制的创新

本科院校教育管理体制能否实现创新，是高等教育改革能否落到实处的关键所在。在社会主义市场经济体制下，本科院校教育管理体制结构正朝着多元化的方向发展。为适应社会政治经济发展的需要，本科院校应深化地方高等院校教育管理体制的改革，按照社会主义市场经济的规律管理和经营学校，既要尊重教育规律，按照社会的需要和时代的需要，培养高质量的人才，提高办学的社会效益，又要尊重市场规律，运用市场机制，优化配置学校的各类资源，实现校产保值、增值，提高办学的经济效益。

作为地方本科院校应该优化经营管理，向管理要效益，可以有选择地借鉴国内外优秀企业和国内外高等院校的相关管理经验和经营方法，并结合学校自身的特点进行积极探索，同时应根据当地社会和经济发展的要求，结合本校校情打造特色专业，形成有竞争力的特色品牌，从而在激烈的市场竞争中占有一席之地。

五、教学管理激励机制的创新

教学质量管理是高等院校教学管理的核心。对教学质量实现有效的监督和控制，是本科院校提高教学质量的重要保证。现代教学质量管理要求树立新的教学质量观，坚持全面的质量管理，优化教学管理过程，采用现代科学的管理方法，健全高等院校内部行之有效的质量督管控制机构和相关规章制度，使教学管理能有效地提高教学质量及高等院校教师的知识创新能力。

具体而言，本科院校应该建立导向、竞争与激励机制，调动教师教学的积极性和责任感，充分发挥教师的主导作用，通过聘任制、教务分离制、优秀教学质量奖励制、优秀青年教师选拔与奖励制、优秀课评选与奖励制等制度，调动教师的积极性，提高教学质量。学校可以采取选课制、主辅修制、黄牌淘汰制等激励和约束制度，激发学生学习的主动性，并在实践中不断完善这些制度。

第二节　本科院校教学管理模式创新

一、新形势下本科院校教学管理模式创新的必要性

近年来，本科院校教育管理也有了长足的发展和进步，取得了一系列重大的研究成果。教育管理依然是高校首要面对的问题，也使教育部的本科教学工作合格评估成为衡量本科院校改革和发展的重要途径，教育管理工作依然是发展的核心。创新教学管理模式是高校自身发展的需要，是提高市场竞争的需要，实现创新人才机制的健全和完善的需要。要想适应未来教学管理的发展，必须要立足实际、审时度势、与时俱进、改革创新，适应不断变化的教学管理环境，创新教学管理模式和机制。

二、创新本科院校教学管理模式的建议

（一）教学内容合理分权，提高院系自主管理

要开辟校、院（系）两级的教学管理模式，实行分级管理、分工协作，而且要突出院系为中心的教学管理模式，增强宏观的规划和指导职能，权力下放一部分到院系中去，根据自己院系的特点来实行较为合理并且具有弹性的教学管理；允许院系在实际的教学过程中根据自己专业的特点，根据实践教学、实验教学的需要，在科学合理的前提下创造性地根据教学需要来开展教学管理工作；划分好教学管理系统的职责，明确教学管理任务与权限，将学科体系、人才培养模式、教学质量评价、生产实践实习等操作性较强的下移至院系，促使教学管理畅通；及时通过日常的教学检查，设立信箱、开放教学反馈邮箱、师生网络互动平台、留言板等方式对教学信息的及时收集并反馈，通过会议、座谈会、个别沟通等方式保证教学问题得以解决。

（二）搭建知识管理平台，构筑高校文化

要强化文化立校的理念，强调师生的自我学习和特色教学，通过对知识的获取、分析、储存、共享、利用及评价来弥补教学管理中存在的缺陷，将自身的知识同市场信息结合起来，培育应用型和创新型人才；加大对知识网络管理

的构建，扩大宣传，形成信息网络，共享资源平台；开发优质课程资源，通过教学课程改革课题来引导教师走科研促教学的道路，组建教学团队，通过团队成员的通力合作保证教学的有序进行；整合校内资源，建设精品课程，构建知识管理的平台，建立完善的文化机制、激励机制和管理机制；及时调整战略管理策略，凝聚力量打造核心竞争力；着力进行创新性研究与探索，凝炼校园精神，在高校文化上下功夫，与时俱进，形成特有的高校文化和精神。

（三）创新教学模式，完善考核机制

在教学中要牢固树立"以生为本""教学管理即服务"的理念，推进教学方式的多样化，教师可根据自身课程的特征来设置课程的教学任务，采用讨论课、实践课、实验课等多种授课方式，在教学质量评价体系建设和标准上也应有一定的弹性。[①] 尊重教师对知识的理解，在教学内容的选择、知识体系的编排中，也要倡导留有一定的空间让教师养成特有的授课风格。同时要改革课程的考核内容，根据教学内容的教学特点、固有方式和方法，充分考虑多元评议要求，努力构建学校评议、同行评议、学生评议、自我评议四位一体的评议体系，形成科学合理的考核体系，促进学生在课程学习中受益最大化。

（四）构建评价信息系统，提高决策能力

完善的教学信息评价系统，将教学活动的自主性和成就感相结合，防止教师在课程上随心所欲地教学。通过学生及时地对教师进行评价，建立起完善的信息评价系统。成立教学信息反馈小组，及时收集师生在教学管理特别是在讲授新课程时的教学反应，使教学更能贴近学生，也侧重对学生知识和技能的掌握，完善教学效果。通过正确的网络和现实的教学评价，对师生较为肯定的教师要广泛宣传，扩大教师的权威性，营造更好的教风和学风。利用信息管理平台，建立学生教学信息员、教师信息员、教学督导组，提高高校人才培养和获取市场信息收集和分析的能力，在不同阶段适时调整决策，以保证教学管理的动态性和有效性。

（五）开展绩效评估，确保建设成果

本科院校的教学资源要得以合理的利用和开发，要组织相关人员定期对教学内容和教学改革成果进行检查和绩效考核。例如，对实验室、实训中心、网络教学资源等进行检查，并通过座谈、问卷和访谈考察实际的效果，纳入年底

[①] 黄金莲,龙飞,莫艳云.高校教学管理模式的创新研究与实践[J].中国建设教育,2010(9): 21.

的评优评先和年终考核。对精品课程、特色专业、教学团队、质量工程、重点学科、优秀教材、实验（训）室（基地）也都可以使用动态的监控体系来实现监控。在绩效的前提下对教学资源进行综合评估，确保建设资金的合理使用与支出，保证建设资金所产生的效益。在绩效结果的反馈上也要及时，促使项目组以效率和效益为目标，不断优化教学资源建设的目标，提高投入和产出比，有效提高教育教学管理的质量，营造良好的学风、教风和校风。

第三节　高校人才培养的全面质量管理

对于高校而言，教育质量是其得以持续发展和前进的巨大动力。各大高校也在探索适合于自己的质量管理体系和管理方法，使用多种途径促使教育质量的不断提升。一些高校尝试将全面质量管理的理论引入教学，构建并实施全面质量管理的体系和方法，并取得了一定的成功经验。

全面质量管理最初作为企业管理中的概念，非常注重消费者的需求，这与教育中关注社会、家庭、学生的需求极其类似，因此全面质量管理理论能够移植到高校的质量管理中。如今的高校管理是一个综合、动态的过程，高校有职责引入全面质量管理的概念，最终实现高校人才培养的目标和任务。

对于我国的高校教育工作而言，在当前教育规模快速扩展的时代背景下，运用全面质量管理理论来进行人才培养具有一定的实践价值。我国在具体的实施过程中，应结合本土特色和本校实际情况，选取合适的方法，使人才培养的质量不断得到提升。

一、全面整合思想，做好基础性工作

注重教育质量是高校降低成本、提高教学质量、实现教学目标的客观要求，也是高校节约资源成本、提高竞争力、实现可持续发展的必然要求。从当前考虑，提升高校的质量与全面质量管理策略的有效实施密切相关。从长远考虑，提升高校的质量关系着高校的持续健康发展。这要求高校首先要做好全面质量管理的基础性工作。

（一）增强质量意识，加强教育与培训

基础性工作是高校全面质量管理工作顺利实施以及取得成效的前提条件。

高校全面质量管理的前提是教育与培训。培训是一种有计划、有组织的标准传递、信念传递、知识传递、信息传递、技能传递、管理训诫行为。高校要重视对全体成员的教育与培训工作。通过有效的质量教育和培训，营造出一种良好的质量文化氛围，使高校的全体成员都牢固树立"以质量为中心""以学生为中心"的质量意识。经过培训，学校全体成员能够严格要求自己的工作质量，明确自身在全面质量管理工作中的地位和作用，促使他们在实际的质量管理工作中发挥应有的作用。

教育及培训的主要内容包括宣传与质量有关的全面质量管理的基本原理、基本思路，还包括培训与教育的业务技术。而对高校教师的培训可分为教学基本功培训以及班主任管理技巧和方法。培训和教育要分层次进行，涵盖高校所有成员，不仅包括校领导、管理人员以及普通的学校员工，还包括广大的教师队伍和其他岗位的一些员工。其中，校领导的示范作用发挥着关键性作用。校领导如果积极参与并推动管理工作的进行，能够较好地激发高校所有人的热情与兴趣。学校的其他成员也要明确自己的职责所在，准确对自己进行定位，配合其他人员完成好教学工作，这样才能促使学校教育质量的目标早日实现。

全体成员唯有充分了解全面质量管理的重要性和紧迫性，才能掌握全面质量管理的理论知识，熟练运用全面质量管理的工具和手段，确保教育工作的顺利进行。没有人的主动性和积极性做支撑，质量决策和计划的制定、质量职能的落实、质量体系的实施和质量改进工作都难以达到理想效果。

（二）建立质量信息管理系统

高校管理在一定程度上是对信息的管理，只有建立完整的信息管理系统才能保证管理的及时性、有效性和积极性。质量信息系统具有全面、及时、准确、有效获取信息的功能，能够保证质量体系持续、健康地运行。在质量体系运行的整个进程中，能够通过质量信息系统有效控制各项质量活动以及学生学习的质量，对异常信息及时反馈和处理。质量管理的信息主要包括学习过程中学生的反馈信息、生源信息、毕业生就业信息、关于毕业生的跟踪调查、国内外学生的质量状况、国内外教育改革与教育发展动态等。质量管理信息通常可以分为两类，一类是高校教育过程中产生的质量动态和信息，主要供学校内的管理者与相关人员进行日常质量管理战术决策时使用，高校可以依据这类信息决定各部门各院系开设哪些课程、采购哪些设备器材等；另一类是长远的教育市场动态与信息反馈，高校可根据这些信息做出方针性决策，校级领导也可以据此做出战略决策。

（三）建立质量工作责任制

高校各部门与全体成员都应清楚自身的职责、权利和任务，保证办事有标准、事事有人管、考核有依据、人人都有责，在高校内部建立严密、有效的全面质量管理体系。建立质量工作责任制可以从以下几方面入手：①设定考核制度，确定质量考核的标准、范围、时间、途径与奖励惩罚制度；②进行职务分析，明确各个部门职务性质与工作岗位的质量职能；③拟定员工职务说明书，并将其作为指导员工履行质量义务的具体要求以及检查、考核质量绩效的重要依据。

（四）质量体系的构建与实施

质量体系的建立健全及完善需要做大量细致艰苦的工作才能完成。

1.质量体系的建构

（1）质量体系文件的编制工作。为了达到教育质量目标，保障评价质量体系和质量改进，高校要编制质量体系的相关文件。质量体系文件的编制内容主要有质量计划、质量手册、质量政策、质量程序、质量体系程序和质量记录等。为了使质量体系中涉及的规定、要求与各个要素规范化，高校要制定各项文件性质量政策和程序。

通过规定质量体系的程序来保证质量管理活动的完成。质量体系程序一般含有文件标题、编号、目的、范围、术语、记录表格、工作流程等内容。质量体系程序包括针对一项独立的质量管理活动而制定的作业指导书以及针对一组相关的质量管理活动而制定的质量体系程序。

编制质量手册主要用于介绍学校的质量方针并通过文件的形式阐述其质量体系，要制定质量方针、质量体系程序以及相关的细则来介绍质量体系的构成要素和组织结构，通过管理质量手册的方式规定质量活动的权限、人员职责以及相互关系的管理和评审工作。对于一些特定的质量活动，需制订质量计划来规定相关的活动顺序、质量措施和资源。比如制定质量目标需要采用的指导书和文件运作过程中的职责、实际步骤权限、资源在不同阶段的实际分配、各阶段相应的考试大纲与审核、将质量计划的文件化程序根据项目的进展情况进行更改及完善。同时，测量满足质量需求的程度或者质量体系要素运行的有效性，需要提供相应的质量记录，如招生计划、培养计划、教学大纲、质量体系评审记录、培训记录、教学评价记录、考试记录、学籍记录、学生档案、学生综合测评记录、不合格学生记录、不合格学生审查、不合格处置记录、文件修改记录、内部质量审核记录以及其他能提供客观证据质量记录的文件。

（2）质量体系要素的选择。质量体系的要素分为两种。其一是构成整个质量体系的结构要素。一旦缺少这些结构要素，质量体系就无法存在。这些结构要素主要有工作程序、职责和权限、管理标准、各项技术标准、组织机构资源与人员。其二是选择要素。这些适用的具体要素以及其采用程度需要高校依据自身的特点来选择，在整个教学过程中控制高校教育质量的全部要素。

（3）质量体系的构建。质量体系的构建，第一要创建完整的组织结构。要从组织机构、运行状况、工作习惯、工作人员、部门间的关系等方面考虑组织机构的设置以及学校的实际运行情况。通过这些做法促进学校质量体系的运作，使各部门之间协调合作，并精简人员和层级。第二要确保质量体系所需资源充足并合理配置。在活动展开以及职责分工明确的时候，还应当考虑在进行资源配置的过程中，应当尽量满足活动需要的各种基础，不能铺张浪费，应从学校的整体利益出发。当局部利益与整体利益发生冲突时，必须坚持局部服从整体的原则。第三要规定并分清质量管理的职责和权限。按照职、责、权、利相统一的原则，从学校发展的实际需要出发进行学校的长远和整体规划，促进学校管理水平的不断提高。让实际参加者明确质量职责和分工，令其与实际相符并且利于执行由多个部门共同完成的活动，应明确主要负责的部门以及各个部门所承担的职责。

2.质量体系的实施

质量体系的实施是在质量体系构建的基础上能做的落实工作阶段。工作效率高与低，产品质量好与坏，关键靠落实。

（1）要经常举行质量体系文件相关的学习与培训活动。培养成员自觉执行质量体系文件的责任感，明确各项质量活动的有关程序管理标准与个人的权限与职责。在教育与培训工作中，必须做到两点：第一，在对原有的质量管理体系进行变革的过程中，会遇到种种困难，要采取协调、培训与指导的方式化解并克服这些困难；第二，质量体系在具体的实施过程中也会遇到多种多样的情况，要通过实践采取一定的对策，才能不断促进质量体系的完善，进而完善高校的质量管理体系。

（2）要加强对管理体系的组织协调。组织开展质量体系文件的实施工作，协调各项质量活动有序进行，排除具体运行中的各类问题，使质量体系得以正常运行。质量体系的运行涉及高校内部的每一个活动部门，要想使体系保持一致性，就要在时间、目标、联系、分工等各方面使各项活动的具体内容、途径以及次序保持协调一致，并对接口进行有效的控制。为了排除质量体系在运行进程中遇到的问题，在进行纠正或者采取措施改进时，也应当发挥组织与协调的积极作用。基本程序包括：确定并公布质量活动的工作计划、监督计划的实施并取得质量信息、比较或对照相关的活动程序和标准寻找出偏差信息、分析或者验证造成偏差的原因、针对产生偏差的原因制定纠正方法、下达纠正指令、进行整改。其中，最关键的步骤是查找出造成问题的真正原因并采取有效的更正与改进措施。管理体系的组织和协调工作应由学校领导主持，相关部门负责落实，质量管理部门负责综合协调。组织和协调的主要途径是举行例会，进行一般问题的组织协调；举行专题会，进行重大问题的组织协调；管理者通过口头或者书面的指令进行紧要问题的组织协调；采取制定书面程序的方式进行重复性及可预见性问题的组织协调。

（3）要进行质量控制。质量控制也称品质控制，是质量管理的一个组成部分，致力于满足质量需求。质量体系在运行过程中，必须通过质量控制来把握可能偏离标准的各项活动与结果。质量控制涵盖高校工作的所有方面，即所谓的全面控制，如高校的办学条件、师生状况等。就师生状况而言，教师状况方面的控制内容包括承担课程、科研方向、教学效果、学历提高、教学成绩、科研成果等。学生状况方面的控制内容包括特长爱好、思想表现、学习成绩、活动参与、奖惩记录、毕业去向等。质量控制同样贯穿学生从入校到离校的全过程，包括对办学设施、教育计划、教学过程、教学辅助工作的每一项内容进行相关质量控制，即通常所指的全过程的控制。

①关于教育计划的质量控制。教育计划是高校教育活动的起点，是控制教育质量的关键所在。教育计划的确立要以广泛的调查为前提，继而进行周密的人才规划和预测，通过相关的专家论证，还要经过民主化的程序发动高校全体教职员工进行广泛评估。

②关于办学设施的质量控制。在高校教育计划确定之后，各部门要明确任务，统一认识，进行充足的物质准备，如图书资料、仪器材料、体育用品、环境条件等。物质准备既要经济又要具有实用性。

③关于教学过程的质量控制。教学过程的质量控制既是质量控制的核心，也是高校全面质量管理的关键环节，有效控制教学过程中各环节的质量能基本保证高校的教育质量。教学过程质量控制的环节主要包括以下几个方面。一是教学过程的设计控制。其中包括教学大纲、教学计划、授课计划等与教学结果相联系的教学文件，在设计阶段就要开始进行严格的控制。二是教学过程的过

程控制。从纵向上看，从新生入学到离开学校，不能忽视任何年级阶段；从横向上看，关注教学过程的每一具体环节，按计划完成所有环节间的平稳接口，保证围绕着教学目标持续地开展教学活动。三是教学过程的试卷控制。其中包含试卷的命题、保密、管理、密封存放、样卷保存、考试成绩分析、试卷质量评估等过程。四是教学过程的文件和资料控制。文件和资料控制必须要遵循以下要求：一旦提出需要就能在第一时间取得相关文件的有效版本，按规定分辨标识作废的文件，能从所有已经发放或者使用的场所及时清除已经失效或作废的文件，通过一切方式防止误用。除此之外，还必须控制教学过程中的外来文件以及电子数据的备份，并规定相应措施。

④关于教学辅助工作的质量控制。教学辅助工作包括对人事、党务、外事、总务、医务、治安、分校等部门的工作，以教学服务的工作要求为考核指标，按照合同制、聘任制、岗位责任制等相关规范对教学辅助工作进行质量控制。

（4）要组织质量体系的审核与评审工作。高校定期进行质量体系的审核工作是质量体系自我完善的有效途径。根据不同的审核目的和审核立场，质量体系审核可以分为两种：内部质量体系审核与外部质量体系审核。学校在质量体系建成之后，一般采取内部质量体系审核的方式进行自我诊断和自我完善，以检验质量体系是否符合标准以及质量体系文件能否有效实施。

内部质量体系审核的步骤一般可分为：制订审核计划；准备审核工作的文件；实施审核程序；跟踪审核报告所提出的纠正措施。内部质量审核体系主要有：质量目标及方针制定得是否合理以及正确、质量体系的文件是否完善和有效、质量体系实施的效果分析、质量体系全部或者部分要素是否有效以及有效的程度、质量信息系统的运行以及有效情况、师资和设备等对质量的影响程度、高校领导的质量职责与全体成员履行质量职能的情况、高校各部门质量职能的分配和相互间的协调情况。

质量管理体系评审是组织中的最高管理者对质量方针及质量目标的充分性、适宜性、有效性与效率进行的有规划、有计划、系统的评价，也称为管理评审。质量体系的评审工作是对质量体系审核结果的审核工作，也是对质量体系的运行状况与适宜性进行的正式评价。评审通常是由学校领导亲自主持，或是委托能胜任的人员进行。评审是以质量体系审核为基础的，审查的内容包括与质量体系要素相关的审核结论，还检查与评价质量体系的有效性与完善情况，质量目标和计划的完成情况，是否能够适应高校内外部环境的变化。

进行质量体系的评审时，要对以下方面做出客观公正的评价：质量体系各要素的审核结果与结论；质量体系的改进措施实施的效果；质量体系因质量观、新技术、市场需求或者环境条件的变化而进行修改的建议；质量体系达到质量标准的有效性。

（五）教学过程中的质量审核

教学是学校的中心工作，教学过程中的教学质量直接影响着高校的教育质量。因此，必须根据教学质量形成与发展的基本要求，进行分析并评定其过程状况的完整性和正确性，也就是教学过程的质量审核。其主要作用是检查是否遵循教学规律与教学计划执行教学过程，并对教学过程进行有效性评价，及时采取措施对存在的问题进行改进，以保证教学过程的质量以及学生学习的质量。

1.教学过程中质量审核的主要内容

教学过程中质量审核的主要内容有五个方面：一是教学过程中文件的完整性、正确性、有效性；二是教学计划的进展情况；三是教学过程是否能够按照文件的要求，正确地进行质量控制；四是教学过程中控制点的设置是否合理，质量控制的文件是否能够有效指导教学过程稳定受控；五是检查和评价影响教学过程的人、事、物、料、法、环境等因素是否符合教学标准，进而分析、验证教学过程的质量以及相关结果是否符合教学计划的安排，最终确实保证学生学习的质量。

2.教学过程中质量审核的程序

教学过程中质量审核有必须严格遵守的程序。第一，确定审核计划与审核大纲，并决定审核对象与审核员的组成。第二，准确、及时地做好质量记录，在不同教学阶段，在每个班级随机抽取样本。第三，根据质量记录详细分析教学的质量状况。第四，判断教学过程的控制情况。通常需要考虑几个问题：直接影响质量的成员、设备、校园环境以及控制手段是否偏离规定的要求标准；找出影响过程质量发生变化的主要因素；教学过程是否正常、规范、有序；在质量体系中对教学过程各要素的控制是否有效。如果教学过程中产生质量问题或者处于失控状态，需要依据教学设计的要求对个案进行分析。第五，提交过程质量的审核报告。审核报告的内容包括审核所使用的文件、审核的目的和范围、审核计划的实施情况、审核组成员、受审核方、审核日期、教学计划的实施情况、教学评价过程因素的控制情况、对教学过程的总体分析、改进建议、审核结论等。必须及时对审核中发现的重要异常信息进行反馈，并快速进行纠正，采取修改教学计划与有关文件的有效措施。教学过程的质量审核报告可以以文字与表格相结合的形式呈现出来。

（六）质量改进工作

质量改进工作是质量管理体系中的一个重要环节，是管理过程中不可或缺的步骤。

1. 为质量改进工作营造良好的氛围

质量改进工作能够合理、持续地进行，少不了良好环境的保障。在质量改进中，营造良好的环境要从以下几个方面着手。

（1）目标。对高校及其成员进行质量改进必须有具体的目标做指引，要合乎一定的目的。质量改进工作目标的确立可通过保持与学校的培养目标相统一来实现，在各个环节确立改进的目标，并对目标进行定期评审。可以从注重提升消费者的满意程度以及此过程中的效果和效率，明确易了解，具体可度量，让人们理解并获得共识，具有挑战性等方面确立质量改进的目标。

（2）态度、行为、价值观。质量改进氛围的营造需要一套相应的态度、行为和价值观，其中以价值观为核心。质量改进价值观的核心内容是"以消费者为中心"以及不断追求更高的目标，这是高校对质量改进工作应持有的基本观念和信念，对高校中每一成员的态度和日常行为有着决定性的意义。

高校形成自己独有的价值观体系并让全体师生认同、接受、遵循，这一价值观是质量改进工作得以成功的重要因素。高校质量改进的态度、行为和价值观的内容大致包含：将持续的质量改进观念渗透在学校教育过程中的每一环节；强调质量改进工作是所有成员工作的有机组成部分；尽量满足学校消费者的需求；注重管理者应尽的职责、义务和参与情况；根据数据分析来进行决策；通过改进过程的途径来解决问题；建立数据与信息的交流渠道；尊重个人，促进团队的合作。

（3）职责。校领导对质量改进负主要领导职责，各级管理者负有相应责任。校长应树立"质量第一"观念，始终关注质量问题，围绕教学质量问题开展工作。校长负责、领导、创造持续质量改进的氛围，亲自参与、了解与检查质量改进的具体实施情况。各级管理者要履行相应的领导职责并承担一定的义务。各级管理者要从自身做起，采取有效手段领导质量的改进工作，如准确传达质量改进的目标和目的，不断改进质量管理的工作过程，营造一种和谐、互助的氛围，赋予学校中的每个人改进自己工作过程的权利。

（4）沟通与交流。质量改进工作的主要途径有：组织质量改进小组；在部门间建立质量改进小组；定期召开经验交流会与表彰会；开展有关质量改进的研讨会；进行工作扩大、工作丰富和工作轮换等制度；经常举行联谊活动。质量改进需要学校全体员工的积极参与和共同工作，通过交流与合作不仅能够减少或消除员工之间及员工与学校之间的某些障碍，还能够提高工作成效。

（5）认可个人与集体。与质量改进工作所需的态度、行为、价值观相符的行动应该经常得到肯定和鼓励，这就是认可。认可可分为两种：正式的奖励与非正式的表扬。为表示对某种行为的认可，可以奖励个人一枚具有纪念意义的徽章、一笔奖金、一次免费旅行、一支笔、一次晋升等，这些均意味着对某种价值观的肯定与强化。奖励制度是表示认可的一种正式手段和方式。

奖励制度要与高校在质量改进方面所需的态度、行为、价值观相吻合，应对建立、塑造以及强化某种价值观的行为进行一定的奖励。成功的认可不仅关注对个人的认可，也强调对集体的认可。这是因为，成功的质量改进是加入其中的全体成员共同努力和合作的结果，对集体表示认可，也就意味着对集体中的个人表示认可。对集体的认可，能很好地激发个人的集体认同感、集体荣誉感和集体归属感，并利于集体合作精神的培养。

（6）教育与培训。质量改进工作中的教育和培训方式主要包括：对高校的全体成员，包括校长，进行关于质量改进的原理、方法的教育，并进行关于质量改进工具及技术的使用等基本技能的培训；通过阐述质量改进工作的重要性，列举国内外教育市场激烈竞争的事例，宣传学校质量改进的成绩，让学校成员主动接受教育，使他们树立并逐步强化质量改进的意识。

2. 有效管理质量改进

质量改进管理包含对质量改进工作的策划、组织、测量、评审等职能活动。

（1）关于组织质量改进工作的实施。质量改进工作的实施可以从以下几个方面进行：成立质量改进的综合管理部门，专门负责对学校质量改进的总体指导及综合管理；成立分层的纵向管理组织以及跨部门的横向管理组织；成立形式不一的质量改进小组，商讨改进建议，确立改进方案并实行改进措施。

（2）关于质量改进的策划。质量改进的策划也就是确定质量改进的目标及其要求的相关活动，具体包括：确定质量改进的目标，根据质量改进的目标进行学校总体培养目标的指导，如提高课堂教学的效率、提升学生的学习效果、降低学生的不合格率等方面的具体质量改进目标；做好质量改进的准备工作，主要是人和物两方面的准备工作，如组织、人员、控制手段、过程、技术、设备、资料等方面；编制质量改进的计划，根据质量改进的特定要求，规定质量改进的措施、资源与活动顺序的文件，其主要内容包括质量改进的目标和项目、实施改进的部门及措施、控制手段、人员培训、数据记录等。

（3）质量改进活动的测量。质量改进活动的测量也就是针对每个质量改进活动及过程的现实状况进行的测试和度量，其主要目的是识别和诊断改进机会以及判断质量改进活动的效果。质量改进的产生，质量改进目标的确立，以及实际质量改进活动的校正与效果评定都要以相关的测量为基础。唯有进行必要的和有效的测量，才会产生有效的改进。质量改进测量是对可能或者正在进行的质量改进过程的输入、输出或者过程成本进行测量。其中，质量改进的重点是对质量损失的测量。所谓质量损失，是指在质量改进的过程和活动中，由于没有发挥资源的潜力而造成的损失。应重点对以下几种主要的质量损失进行测量：与过程效率相关的质量损失，与消费者满意有关的质量损失，与社会损失相联系的质量损失。

（4）质量改进工作的评审。评审是对质量改进活动本身进行改进的必要措施，指的是针对质量改进活动而进行的综合性的正式评价。通常定期由学校的校长或者各级管理者主持，组织学校内部有关部门或者是校外专家参加，全面评价质量改进活动的整体有效性。质量改进活动评审的主要内容包括：目标是否合适，组织的方法是否恰当，责任和权限是否分明，各级教育及培训大纲是否适合，是否正在进行校内外的情报收集工作，选取的人员是否合适，测量的方法、使用的设备是否恰当，措施是否能够得以落实，质量损失是否能够降低，是否能够达到预期的目标。

3. 质量改进的有关步骤

质量改进的相关步骤一共包括八个方面，这八个方面环环相扣，缺一不可。

（1）确定改进的项目。首先要对学校教育全过程的质量进行测量，接着将测量的结果与学校的目标、兄弟学校的先进水平和消费者的需求相对照，在比较后找出差距和不足之处，根据不足的程度和实际存在的差距确定需要进行改进的问题，再落实质量改进的项目。

（2）完善准备工作。明确规定质量改进项目或者活动的范围、需要和重要性，具体表述质量改进的历史背景、相关的质量损失和现状；制定出明确而具体的改进目标以及改进的日程表；计划、安排质量改进的评审；公布与质量改进项目或活动的计划、资源配置与进展情况的定期评审相关的规定。

（3）调查可能原因。调查可能原因存在的过程也是对改进性质的认识过程。只有在深入而客观地了解过程本身之后，才能够继续深化过程的改进，才能够取得改进工作的成功。因此，在调查、确认、列出导致质量问题的种种原因时，要注重从实际出发，以事实为依据。

（4）确定因果关系。在对确定的原因进行调查时，不能确定是导致质量问题的真正原因还是可能存在的原因时，应当进行数据分析，以确定质量问题产生的真正原因。某些初步确定的原因看似与数据保持一致，要进行针对性的验证和确认，要逐一验证那些假设的因果关系，找出真正的因果关系。

（5）采取预防或纠正措施。在确定因果关系之后，需按照相应的原因制定预防或纠正措施的方案。制定方案的主要内容应依据改进过程的质量，不能单单纠正过程的输出。有些综合的改进措施，如目标和标准的变化、质量改进信息系统的变化等，能够决定真正的改进。

（6）确认改进结果。采取改进措施后，会产生预期结果或者其他的结果，应该对所有结果都进行调查分析，以确认、保持好的结果，慎重分析对结果不利的结果。针对那些已实施改进措施的过程要采集数据，测量、分析其结果，如若结果相当不利且不能消除或减少，就对实施改进措施前后的多个结果进行综合分析和评价，以此来判断已经采取的改进措施是否应当继续。如果原有的质量问题在采取预防或者纠正措施后，仍然不能得以有效解决，并且问题继续产生的频次和程度与以前相差无几，就应该重复之前的步骤。

（7）成果的保持。总结和归纳改进的过程，在改进的标准、规范及程序之中不断纳入改进的成果，并相应地更改之前的规范、程序与方法手段；根据新的规范、程序为各相关领导、员工提供所需的工作条件；为了确保这些更改成为有关人员工作的一部分，需要控制和稳定改进之后的各项过程的新水平，并对相关人员进行必要的教育和培训。尤其要注意保障改进的成果，有效控制那些可能导致过程退回到改进前状态的潜在因素，严格遵照新的规范和程序工作，杜绝陈旧的做法。

（8）持续进行改进。确定每一项改进项目的顺序，安排时间期限，推进和实施质量改进的项目要有一定的计划性和阶段性，不能一直保持在原来的水平上停滞不前，防止不同期限的改进项目相互之间产生不利影响，还要杜绝在一个改进项目上花费过多时间而影响改进的有效性或者造成改进缓慢的后果。

二、制订整体计划，实施准备项目

高校全面质量管理是一项复杂的工程，不是一朝一夕就能够完成的，需要经历一段时间和一定的过程。因此，唯有确立明确的目标和工作计划才能保障工作的正常进行。高校全面质量管理的目标分为近期目标和长期目标。近期目标主要着眼于质量工作的基本建设，包括对学校的质量文化财富进行估算，发扬优质文化；对不利于文化发展的做法采取措施进行矫正或者清除；引进和借鉴国内外优秀的质量文化成果，改造本校的质量文化，建设高效率、极具特色、富有时代特点的质量文化；认真学习和贯彻国家关于提高高校教育质量的精神，从质量标准、思维方式、行为规范、人际关系、团队精神、校园文化、管理体制、规章制度、协调机制等方面加大力度，进行改造和提升。长期目标要与预期目标保持一致，根据国家及学校的长期发展规划制定，主要从环境、制度、基础设施等硬件以及精神、思想、意识形态等软件方面入手，进行大致的、分阶段的规划和设计。目标的确定有利于大家形成统一的奋斗目标，也给管理部门提供了监测评估的标准。高校要制订整体的计划，全面实施准备工作可以从下面几点做起。

（一）全校师生以及员工对全面质量管理工作的认同

高校要实施全面质量管理，最基本的是要让全体成员了解其内涵，强调以"顾客满意、持续改善"为中心的管理理念，这种理念必须要渗透到高校教师及管理者的每一个行为中，才能有一定的成效。在具体的实践中，可以通过多种方式强化全面质量管理的理念并逐渐构建学校的文化氛围。在实践初期，可以组织一些有关全面质量管理知识的培训班，利用多媒体在校内局域网上进行全面质量管理的宣传和介绍；在学校广播定期播报或者在学校公告栏上定期刊登一些有关全面质量管理知识的文章；安排中、高层管理者以及普通教职员工去实施全面质量管理；到较为成功的企业或者学校参观学习，也可以通过录像、电视等形式增强感性认识，让高校的每一位员工都能明白全面质量管理的实质，并主动将这种新的管理理念逐步贯穿到自己的思想及具体的工作中。

形成教学全面质量管理的统一认识后，还要再次进行调查研究，找出自己学校的薄弱点。唯有充分认识到学校的现状，意识到存在的问题，才能建立符合学校需要的教学全面质量管理体系。调查研究的内容应包括：本校应当遵循的国家与地方政府颁布的法律、法规、法令、条例等，其中包括对高校进行综合或者单项评估的标准；收集国内外有关质量体系的新标准；深入调查和研究本校教育教学过程的各阶段、各环节的质量状况，存在的问题，各部门所应承担的质量职责与完成情况，相互之间的协调关系。调查方式可利用召开座谈会，发放调查表，调阅以前的教学、工作总结、教学质量分析、会议纪要、科研及其他管理记录、重大教学事故分析报告、内部考试、考核与评审的结果及原始记录等各种档案资料，到各大用人单位进行毕业生追踪调查。尽量掌握真实、完整的第一手资料，也可邀请校外专家帮助咨询，进行调查分析，找出存在的问题。只有这样才能有针对性地建立有效的、符合国情、校情的教学全面质量管理体系。

（二）发挥领导作用，完善组织体系

开展全面质量管理，高校的领导应负主要甚至是完全责任。领导的重要作用是实施全面质量管理的基本原则之一。学校领导要站在一定的高度，高瞻远瞩，以调查研究为基础，就高校引入全面质量管理理念建立教育质量管理体系的问题进行调查研究，从必要性、可行性等方面，关注人力、物力、财力、时机等。在全面质量管理中，高校领导的表率作用尤为重要，学校领导要亲自参与管理工作并积极推动，这样才能做好全面质量管理工作。

（三）采取有效措施，实现上下级之间的沟通

在高校的质量教育管理中，沟通至关重要，尤其要注意沟通策略与说服策略的使用。进行有效沟通的关键环节有四个方面的内容。

1.提升沟通的主动意识，树立正确的沟通理念

明确沟通的目的，制订沟通计划。良好的沟通主要包含几个基本要素：真诚、表里如一、彼此信任、相互理解。这些要素都是沟通的根基，这些要素的形成需要不断进行口头强化和实践反复验证。在平时的教学科研中，教师要引导大家树立正确的沟通理念，增强沟通的主动性。形成主动沟通的意识后，还要明确沟通的主要目的。目的如果不明确，信息就不能够得到良好的组织，沟通就会无法进行。明确了沟通的目的后，还需要制订相应的沟通计划，如沟通哪些具体信息，与谁沟通，在什么时间沟通，用什么方式沟通，沟通过程如何进行。

2.严格遵循沟通的原则，积极搭建沟通平台

实现有效沟通的前提是遵循诚实性原则、及时性原则、完整性原则、准确性原则以及策略性原则。领导在进行决策时，必须严格遵照"集体领导、民主集中、个别酝酿、会议决定"的基本原则，完善决策程序。

教师在进行学术交流时，也有必要建立科学合理的机制，构建一种平等的学术对话平台，让不同的思维以及研究思路能够进行有效沟通。构建良好的沟通机制，使全体教职员工能够积极自主地发表自己的意见与看法。这需要做到

两点：一是要使大家避开某些官僚主义者凭借组织体制给人带来的压制和压力；二是要为全体教职员工提供一个可以快速了解学校政策及管理工作的途径和自由发表意见、反馈信息的平台，以引导组织内非正式渠道的人际沟通能够有序进行。

3.加强沟通知识的宣传工作，提高高校领导者和教师的沟通能力

大学属于知识型组织，如何进行知识的管理，如何管理好知识型员工，是一项十分艰巨的任务。领导干部只有具备了良好的管理素质和领导能力，才能胜任高校的领导和管理工作。所以，加强对领导干部和大学教师的知识培训，提高他们的管理和沟通技能，实现高校内部的有效管理和沟通，有利于缓解学校的内部矛盾，推动学校快速发展，培养更多的优秀学生，创造出更高水平的科研成果。

4.善于倾听，有效思索，使沟通渠道更为完善

在进行沟通的过程中，倾听是非常关键的一个环节。如果人与人之间能够认真地诉说和倾听，并互相做出积极的反应，就会在群体间形成一种良性循环，从而达到真正的相互理解。理想的沟通呈现出的形状是网状的，不仅有纵向上的传播，还有横向信息的流动，这样才能促进信息准确、及时地传播。比如，可以设立领导信箱，任何人都能够用匿名或实名的方式直接与领导对话。这样不仅可以更多地听到来自基层真实的声音，还可以促进全体师生主人翁意识的提高。

三、开展质量教育，构建质量文化

质量管理开始于教育，终结于教育。学习新的质量理念与管理理念，提升所有成员的参与意识、服务意识和质量意识，是将全面质量管理理念引入学校教育质量管理体系构建的重要步骤，是一项最基础的工作，也是为期较长的一项工作。对于教育工作者来说，主动参加教育改革的方案至关重要。通过开展质量教育，全面质量管理强调的管理理念理应成为高校每一位管理者和教师的育人理念。全体教职员工要主动将这种新的育人理念逐步贯穿到自己的思想和具体的工作行为中去，从而实现教育质量的全面提高。

开展质量教育的主要目的是构建学校的质量文化。质量文化可分为物质、制度、道德、行为四个层面的内容，它是学校组织文化的重要组成部分，影响着学校成员对质量的看法，并决定着学校的质量评价标准与质量提升方式。学校的组织文化是学校隐含的核心精神，它与组织机构、规章制度等"硬"性因

素不同，组织文化属于学校的"软"性结构，能够外化为学校成员一致的行为方式。它渗透在学校组织中，所有成员都会感受到它的存在，并受到它的影响。在高等教育全面质量管理体系中，质量文化的核心价值观包括：让用户满意，尽量满足并超越消费者的需求；进行不断改进，因为教育质量没有最好、只有更好；质量不是个人的事，而是所有人的事情。

质量教育的基本内容包括两个方面。一是高校全面质量管理的基本理论。通过质量教育的学习，全体管理者、教师与服务人员都要了解全面质量管理的内涵，以及在高校实施全面质量管理的必要性，高校实施全面质量管理的潜在优势有哪些，应该树立什么样的产品观、质量观、顾客观等。二是关于质量意识和责任感的教育。在质量教育的内容中，质量意识和质量责任感的教育是经常性的、长期的教育内容。这一教育包括五个层次：其一，培养教职员工的社会责任感，使他们树立为国家和社会培养高质量人才的使命感和责任感；其二，培养对学生高度负责的精神，使教职员工树立主动关心爱护学生的精神；其三，培养对学校高度负责的精神，树立教育质量与学校的生存和发展密切相关、依赖质量生存和发展的意识；其四，培养对他人高度负责的精神，每个教职员工都要树立"一切为了顾客"的思想；其五，培养教职员工的事业心和成就感，使他们树立"提高个人生活质量"的意识。

高校全面质量管理要谨慎开展试点实践。全面质量管理作为企业的成功经验总结，应用到高校教育领域，决不能原封不动地照搬照用。引进和创新需要有一个批判性反思的过程。实际上，不管在企业界还是高等教育界，吸纳革新都是极为复杂的过程，这并不意味着要从头做起，而是要关注眼前需要解决的问题，变革和创新应是各种现实行动的演进。在借用外来观念时，先要不断地进行调整，转化为自己的解决方案，从而使最初的想法与结果都发生革命性的变化。

第六章 创新与产学研合作

第一节 产学研合作的内涵和主体

一、产学研合作的内涵

产学研之间的合作本身有着广泛的实践内容和深刻多样的思想渊源，对于产学研合作概念的界定，到目前为止还没有获得一致认可的科学定义。产学研合作本身也还是一个新生的事物，处在发展变化之中，其所包含的形式和内涵也在不断发生变化。从合作的要素上分析，产学研合作包含三个要素：产、学、研。一般的理解是：产，即产业部门，主要是企业，不仅有第一、第二产业的企业，还包括第三产业中的企业；学，即学校，不仅指高等职业性院校，也包括普通全日制大学等多种类型的学校，也就是有能力占领市场形成产业或者可以培养人才的院校；研，即科学研究与技术开发院所，包括独立或非独立的各类科学院、研究院、研究所等。

产学研合作是企业、高校和科研院所以及政府、金融和中介机构等有关各方从各自的发展战略目标和战略意图出发，为了迎接激烈的市场竞争，抓住新的市场机遇，加快技术创新，实现共同愿景，争取最佳利益和提高综合优势，结合彼此的优势资源而建立的一种优势互补、风险共担、利益共享、共同发展的正式但非合并的合作关系。从创新角度来看，产学研合作是创新活动中的组织方式。同时，产学研合作还是合作各方依据各自占有的稀缺资源按经济规律进行配置的经济活动方式。产学研合作与一般合作的主要区别就在于，产学研合作要求其成员之间实现风险共担，利益共享。这样不仅可以解决产学研合作中一次性技术交易产生不确定性给企业带来风险的问题，而且也使高校和科研院所在承担一定风险的同时能够获得应有的回报。因此，产学研合作是以企业、高校、科研院所为主体，政府、中介服务机构、金融机构等多种社会主体参与，为实现各自利益目标共同选择的行为。

二、产学研合作的主体

随着现代市场经济的不断发展，产学研合作也经历了一个不断发展的过程，参与主体呈现多样化的趋势。现代产学研合作的参与主体并不局限于高校、科研院所和企业。政府、中介服务机构、金融机构等一些其他组织基于不同的目的也参与到产学研合作过程中，并发挥着越来越重要的作用。产学研合作的参与主体主要包括企业、高校和科研院所、政府、中介服务机构、金融机构五大类。下面分别就其在合作中的地位、主要作用进行探讨。

（一）企业

建设以企业为主体、产学研结合的技术创新体系，是《国家中长期科学和技术发展规划纲要（2006～2020年）》的一个亮点，是推进自主创新的重大举措。技术创新首先是一个经济活动过程，它是技术、管理、金融、市场等各方面创新的有机结合。技术创新的主要目的是把创新的科技成果商业化，为消费者提供新产品，为社会创造新财富，而这一过程的实现必须依靠企业这个市场经济主体来实现。作为市场细胞的企业，在产学研合作中处于主体地位。通过产学研合作，企业不仅能迅速将合作创新的成果进行工业批量化生产并推向市场，而且能在合作中不断提升自身的研发实力，获得大量的创新人才，使企业自身的自主创新能力不断提升。只有以企业为主体开展产学研合作，才有可能坚持技术创新的市场导向，迅速实现科技成果的产业化应用，真正提高企业的市场竞争能力。

（二）高校和科研院所

高校和科研院所具有进行科技研发的雄厚实力，不论是科研人才或科研设备，甚至是获得科研经费的能力，高校和科研院所常常都比企业具有优势。高校和科研院所在产学研合作过程中主要起研发主力的作用。高校、科研院所与企业在开展产学研合作时，不但要考虑技术层面的情况，更应结合经济大环境及市场需求来进行技术研发，以使技术创新成果能很好地适应市场，降低合作的商业化风险，为合作双方带来更多的收益。高校、科研院所应该注重培养一批既懂专业技术，又熟悉企业情况和市场需求的复合型人才，这样产学研合作才能顺利展开。这也是高校办学和培养人才的一个发展方向。

（三）政府

在推动和加强产学研合作方面，政府的作用体现为：鼓励和支持校企之间进行合作创新，完善创新体系和创新环境，加快重点行业共性、关键性、前瞻性技术的开发和推广，推动产业结构升级。

政府首先要发挥宏观调控和环境建设方面的作用。通过宏观调控和环境建设，为产学研合作营造有利的环境。在转变政府职能时，除一些涉及国家和社会整体重大利益的重要项目外，政府一般不应直接出面组织产学研联合，而是通过采取鼓励性的政策措施，推动产学研联合。政府可以成立专门机构，负责组织协调产学研联合，通过政策、财政、税收、信贷、价格、奖励等措施，使产学研联合项目获得较大的财政支持、优惠的税收、低息的贷款、灵活的价格；可以通过加强法治建设，把产学研纳入法治化管理中，用法律、法规来限制产学研合作中的不良行为，如用立法来推动科技成果转化，保障各方的合法利益，特别是保护知识产权，保护产学研联合中创新成果的归属，保护创新者的创新利益等。政府还可以通过对金融环境的改善、对投资环境的改善，提高产学研各方的积极性。

其次是政府要发挥自身的指导作用。政府的宏观指引，是提高产学研合作层次的有效手段。在科技迅猛发展的今天，高新技术的发展对区域、国家的科技和经济的发展至关重要，政府通过宏观指引，从产业结构出发，有重点地引导发展若干高新技术领域，建设若干技术经济一体化基地，可起到提升国家和地方科技与经济的质量与水平，提高整个产学研合作层次的作用。

再次是政府能发挥桥梁与中介作用。政府通过自身努力以及支持中介机构发展，能为产学研一体化发展搭建桥梁。根据交易成本理论，产学研合作本质上是一个交易过程，需要当事人投入交易费用，包括沟通成本、谈判成本、履约成本和其他成本，如果让产学研各方自己在市场上寻找合作伙伴，所支付的交易费用往往会很高，而政府能够发挥强大的信息网络优势，完善产学研一体化的创新网络环境，建立能提供项目招标、人才引进、信息咨询、投资运营等服务的科技中介服务机构，从而能为合作各方节约成本，提高产学研联合的效率。

最后是政府能发挥融资配套作用。政府对产学研合作的融资配套，能缓解产学研合作中资金的匮乏。由于技术创新的风险性，企业的投资与收益不能完全达成均衡，企业在出资过程中会面临风险。对于有相当大风险的技术研发，由政府直接投资或给予一定的补贴，既可以减小企业的风险，也能缓解产学研合作中资金的缺乏，同时，一些关键技术以及前瞻性技术也能够得到及时的开发和利用。

（四）中介服务机构

科技中介服务机构是我国创新体系建设的重要组成部分，在科技成果向现实生产力转化过程中发挥着纽带作用。我国的科技中介服务机构在 20 世纪出现后发展迅速，主要以营利性中介和非营利性中介组织形式存在，具体的组织形式包括技术产权交易所、生产力促进中心、人才市场、科技条件市场等。目前我国的科技中介服务机构主要以半官方组织形式存在，中介服务功能还未完全发挥出来。西方发达国家的中介服务机构经过多年的发展，组织形式日趋完善。这些中介服务机构主要由社会团体和个人以股份合作制的形式组成，进行企业化经营，以获取利润为目标。我国的中介服务机构是随着市场经济的发展而成长起来的，未来的发展应充分注重发挥市场机制的调节作用，引入市场化运作机制，建立适应市场经济体制的企业化组织形式。

（五）金融机构

在产学研合作的前期，是否有足够的资金投入是影响产学研合作能否顺利开展的重要条件。合作研发需要大量研发经费投入，同时合作各方需要承担巨大的技术风险和市场风险。基于企业方与大学及研究机构方组织属性的差异，研发经费的投入主要由企业方承担。资金对于任何一家企业都是稀缺资源。特别是处于快速成长期的中小企业，一方面企业的日常生产经营活动需要大量的资金，另一方面中小企业为了竞争的需要又对技术有着迫切的需求，进行技术研发所需的大量资金投入常常使企业陷入两难的境地。金融机构出于防范风险的目的，对风险较大的技术研发前期的企业贷款需求发放较少，而技术研发前期却正是最需要资金投入的时期。要解决这个矛盾，一方面政府应出台相应帮扶政策，如对企业技术研发的贷款需求进行信用担保支持；另一方面金融机构也应进行针对性的服务创新，如针对研发贷款需求成立独立的信贷部门、设立风险投资基金等。

第二节　坚持走产学研合作创新之路

产学研合作包括的范围很广泛，合作教育只是其中的一方面，还包括合作科研、合作生产经营等。1993 年联合国教科文组织通过了 UNISPAR（University Industry Science Partnership）计划，即大学、企业、科技所合作，即我国通称的产学研结合。该计划鼓励高等院校更多地参与工业化进程，吸引工业界与大学、企业、科研院所合作发展，使大学和企业的合作能够为发展中国家的工业化进程作出贡献。产学研合作教育最初源于美国，随着产学研合作教育模式的深入开展，其取得的效益日益明显。高校有着培养人才、发展科技、服务社会的三大职能，产学研合作教育模式正是高校三大职能协调发挥的途径。产学研合作教育模式在世界多个国家盛行，加拿大的"工读交替"模式、英国的"三明治"模式等，都取得了丰硕成果。

1992 年，我国产学研工程正式启动。在实践的过程中，产学研的发展模式形成，根据不同的分类形成多种模式。就目前我国产学研合作教育模式的发展状态来看，这是一种革新高校培养创新人才的模式，也是当前应用型大学转型的一个方向，更强调大学的社会服务职能以及服务经济社会发展需要，有利于培养创新人才。

一、产学研合作教育与培养创新人才的关系

经济转型、产业升级所需的创新人才，可以通过多种途径进行引进和培养，但最主要的是依靠高校培养和职业过程中的磨炼。通常，高校以传授专业理论知识为主，职业岗位则以提升实践能力为主，如果分开进行，往往容易造成理论与实践的脱节。为此，各高校应该积极探索"工学结合、校企合作"的人才委托开发、共建研发机构、共建联营企业、共建学院、人才交流、人才培训、信息交流、共同组织重大项目的投标和技术引进等形式，[①] 利用产学研合作教育模式来培养创新人才，在传统的教育模式上实现人才培养的升级换代。

（一）产学研合作教育培养创新人才符合教育规律和人才成长规律

教育规律和人才成长规律表明，人才培养是一项系统工程，是由教育情境、教育资源与条件、教育过程与方式等构成的系统活动。因此，要想培养创新人才，要考察培养创新人才所要求的教育系统应由哪些要素组成，以及这些要素以什么样的联系方式结成的系统结构才是完备的。大学属于学校教育系统，其培养人才的教育功能具有高效简捷的特点，这也是它的优势所在。但同时，它却不具备满足培养创新人才的一些特殊要求，主要体现在缺乏真正意义

---

① 周伟，李全生. 试论产学研合作教育与培养创新人才 [J]. 中国高教研究，2002（6）：27.

的实践过程，这就使高效简捷的"传授、继承"难以向"创新"提高。① 因此，大学要独立完成创新人才的培养，在教育功能上是有限的，因而不是完备的理想的教育系统。产业与科研系统较之学校教育系统更直接面对知识、技术创新的实际，尤其是一些高科技产业与高科技开发部门更是立足于科技的前沿。产业与科研系统的这种优势一旦补充到学校教育中，那么对于创新人才的培养就会是一种飞跃。因此，从优势互补的角度考虑，以大学、产业和科研三要素有机结合而组成的更大的教育系统，即产学研合作教育系统就具有更完备的结构，因而也就能期待它发挥培养创新人才的系统功能。

（二）大学生创新精神和实践能力的培养离不开产学研合作教育

创新人才培养的核心问题是如何培养创新能力，创新能力的基本组成是创新精神和实践能力。创新精神包括创新的意识、动机、目标和意志品质等，具有主观能动性，它决定着对创新的主观投入强度；实践能力包括对知识、技术的应用及创造，以及具体的方式与方法运用的实际本领，具有客观实在的意义，它决定着创新的成效和价值水平。大学在培养创新能力方面的功能同样是有限的。第一，创新精神是一种精神境界，知识是必要的基础，关键在于对创新氛围及过程的亲身经历和感受，直至升华。在大学教育的情境中不具备这一无形的条件。第二，实践能力的培养与提高不能脱离实际训练条件的支持，只有通过具有实在价值的训练过程并经过经验总结才能提炼出具有真实意义的策略、手段和方法，才能真正在理论指导下去运用、创造知识和技术，并取得成效。大学教育的条件尤其是实际训练条件是相当有限的。因此，囿于学校教育来实现大学生创新能力的培养是难有作为的，必须从根本上转型，使学科教育与知识、技术创新的氛围及过程相结合，使传授、继承与创新相结合并得到相关条件的支持。产业部门、科研单位一旦与大学实现合作，那么培养具有创新能力的人才就是一番新景象了。

二、产学研合作培养创新人才的模式选择与制度创新

（一）探索与实践多元化的产学研合作培养创新人才模式

产学研合作教育是现代高等教育的基本原则，是高校人才培养的基本途径。但由于不同层次与类型的高校有不同的人才培养目标，所以产学研合作培养人才的功能定位、合作主体、合作内容都应该有所不同。从这个意义上来

---

① 杨金田.产学研合作教育培养创新人才的优势与模式[J].湖州师范学院学报，2003（8）：8.

讲，产学研合作不存在一成不变的固定模式，创新人才培养的产学研合作模式也应该是多元化的。因此，对不同的学历层次应提出不同的能力与素质要求，采取相应的培养模式。比较可行的是本科层次以培养创新意识与实践能力为主，硕士层次以培养初步创新能力为主，博士层次以培养真正意义的创新能力为主。有了相对清晰的标准就有利于培养模式的具体创新和操作。根据产、学、研三个子系统功能耦合的强弱，主要可以构成产学研联合、产研联合、产学联合和学研联合等四种模式。

（二）建立创新人才培养的产学研合作管理体制

产学研合作培养人才需要大学与政府之间、大学与企业之间、行业主管部门与企业之间、大学与政府或教育主管部门之间以及大学内部各部门之间的沟通与协调，共同解决在人才培养过程中出现的问题及难题。因此，这就需要打破以大学为中心、自我封闭的人才培养体系，建立产学研合作的人才培养的管理体制与运行机制。首先，国家和省级政府要建立产学研合作领导体制和管理机构，负责产学研合作的政策制定、组织实施、开展试点与经验推广、检查评估等，并把人才培养作为产学研合作绩效考评的重要依据。[①] 其次，大学要积极与政府、企业以及研究机构合作成立由大学、政府、行业和研究机构等相关领导组成的产学研合作领导与协调机构，并把人才培养作为重要工作。最后，就大学自身而言，要打破人才培养与学科建设科学研究的体制性壁垒，把学科建设资源、科研资源转化为培养创新人才的优势，有条件的大学要积极创造条件，鼓励学生参与校办科技产业的科技创新与成果转化活动，通过教师考核与评价制度改革，鼓励教师把人才培养与科学研究结合起来。

（三）完善产学研合作机制，充分利用产学研合作资源

产学研合作最大的问题是合作机制问题，或者说产学研合作能否取得成效，取决于合作能否满足各合作主体的利益诉求。就人才培养而言，关键是要找出产学研合作各方的最佳利益契合点。首先，大学要根据自身的培养目标，着重选择一些具有较高科研实力和创新能力的大企业开展合作，因为创新人才培养需要有高水平、高起点的科学研究或创新实践平台作为支撑，同时这些企业本身就有比较强烈的科技创新和人才需求，有兴趣、有能力与大学合作共同培养创新人才。其次，大学与企业或研究机构合作开发优质教育资源，应选聘具有较深理论学术功底又有很强解决实际问题能力的企业专家担任指导老师，

---

① 马廷奇.产学研合作与创新人才培养 [J].中国高等教育，2011（6）：14.

引导学生用理论知识解决企业技术攻关难题。同时与企业或研究机构合作开发课程资源，因为创新人才的培养对教学内容及其学术水平提出了较高的要求，大学要紧密与企业或科研机构合作，将生产实践与技术开发以及科学研究的新成果转化为教学内容。最后，产学研合作培养人才并不是把培养人才的责任转嫁给企业或研究机构，而是大学在积极参与企业的科技创新、解决关键技术难题以及与研究机构合作进行科学研究的过程中培养人才，这就必须明确合作各方的权利与义务，真正把培养人才落到实处。

总之，加强产学研结合是高等教育发展的时代要求，是深化高等教育改革、提升办学水平的强大动力，是高水平大学发展的必由之路，也是培养具有创新精神和实践能力的高素质人才的重要途径。因此，高校要不断探索更加完善的产学研合作教育和人才培养机制，充分发挥高校科研院所、企业各方在资源方面的优势，突破封闭式的人才培养模式，切实有效地培养具有创新精神与创新能力的高素质人才，从而为国家实施创新型发展战略和经济结构转型提供人才保证与智力支持。

第七章 多维视角下的人才培养机制创新

第一节 基于 PDCA 循环的创新型人才培养机制

一、PDCA 循环理论概述

PDCA 循环是美国质量专家戴明博士基于全面质量管理建立起来的一套科学的工作程序。PDCA 循环是反映质量管理活动规律的模型，它由四个阶段构成，分别为 P——策划（Plan）、D——实施（Do）、C——检查（Check）与 A——改进（Action）。四个阶段相对独立又联系密切，共同构成一个有机整体。[①]

第一阶段 P（Plan）的主要任务是通过分析现状，找到存在的质量问题，并确定影响质量的主要因素，制订相应的对策计划。第二阶段 D（Do）就是要按照第一阶段制订的计划去执行。第三阶段 C（Check）就是检查计划的具体执行情况和效果，并发现问题总结经验教训。第四阶段 A（Action）就是针对第三阶段发现的问题，采取新的措施，形成新的规章制度，为下一轮工作的开展提供依据。

PDCA 循环始终保持螺旋上升的趋势，每一次的循环都有新的目标和内容，使产品质量和工作质量提高一步。接着又制定新的目标，开始新的循环。这种循环如爬楼梯一样，每次循环就会登上一个新的台阶。周而复始地循环，存在的质量问题将越来越少，产品或服务质量就会持续提升。

二、将 PDCA 循环理论应用于高校创新型人才培养

（一）P（Plan 策划）

在创新型人才培养的质量管理中，首先要分析高校创新型人才培养质量的

---

① 郭庆华.2015 版质量管理体系标准理解与应用 [M].北京：中国铁道出版社，2017：4.

现状，找出目前培养过程中存在的质量问题，明确创新型人才培养质量的主要影响因素。高校针对影响质量的各个因素提出相应的对策，并结合企业用人单位的需求制定培养目标和培养方案。

在人才培养过程中，高校要将创新型人才的整个培养过程纳入质量管理，具体包括教育投入阶段的质量、教育过程的质量和教育产出阶段的质量，分析质量的影响因素也应当着眼于整个培养过程。在投入阶段，影响人才培养质量的主要因素包括师资力量、实习实训基地建设、教育经费投入等；在培养过程中，影响培养质量的主要因素有培养目标和培养方案、课程教学、校企合作情况、学生评价机制等；在创新型人才培养的产出阶段，确保学生在规定的时间内完成要修的学分，并确保学位论文达标。同时，建立毕业生跟踪反馈机制，实时了解毕业生的就业情况和用人单位的反馈意见。确定了创新型人才培养质量的影响因素后，就要针对各个因素提出相应改进措施，建立高校负责、企业用人单位参与的质量保障体系，确定创新型本科高校的培养目标和培养方案，确立课程教学、实践环节、师资队伍管理和评价机制中的相关标准，并以制度的形式确定下来。

（二）D（Do 实施）

D 阶段是 PDCA 循环中最关键的一个阶段，该阶段主要是按照 P（Plan）阶段设计和制订的计划开展具体的工作。高校必须对各部门、各岗位人员的具体职责有明确的规定。首先，要将创新型人才培养的质量活动分配落实到学校各部门，各部门根据所承担的质量活动制定本部门的质量职责。其次，在明确各部门的质量职责后，对部门的各岗位人员再进行质量责任的分配，并赋予相应的权限，这是完成达到培养单位质量目标的保证。再次，要规定创新型人才培养各项质量活动之间的衔接工作。最后，在创新型人才培养的质量体系运行中，高校管理者必须及时了解各环节的质量是否有效，质量责任是否落实，尤其是现有的质量体系能否查明应用型人才培养过程中实际存在或潜在的质量问题。高校的教师和管理人员都要严格执行相关制度和标准，确保每项制度和措施都能真正落实。

（三）C（Check 检查）

C 阶段是为了保障创新型人才培养质量达标而实施的重要阶段，在整个 PDCA 循环中起着承上启下的作用。按照 PDCA 循环的计划措施开展各项工作以后，应对照标准，检查创新型人才培养过程中的各个环节是否达标。主要任务就是要弄清楚创新型人才培养过程中哪些工作已按照要求完成，哪些工作有待完善，总结成功的经验和不足的地方，查找和发现当前人才培养过程中出现的问题，在下一阶段进行反馈和解决。具体做法如下。

1.对培养目标的监控

通过对企业用人单位人才需求的调查、人才质量评价信息的反馈、学生就业前景的调查和对毕业生的跟踪调查，对创新型高校原有的人才标准进行必要的调整，建立满足企业和工程领域实际需求的人才质量标准。

2.对培养过程的监控

通过课业考试、聘请校外专家听课、论文中期检查、实习单位反馈等方式了解学生在课程学习、论文写作以及工程实践方面的情况。

3.对学生信息反馈的控制

建立学生信息员反馈制度，定期了解学生对课程教学、实践环节和论文阶段的反馈情况。根据对毕业生的跟踪调查，了解毕业生的就业适应情况、就业单位的意见和就业学生对高校创新型人才培养的建议，及时改进教育教学计划，动态适应社会对人才培养质量的要求。

（四）A（Action 改进）

本环节主要任务是：通过检查发现人才培养过程中存在的问题并及时改进；对改进后培养目标和教学手段的实施情况再次检验；重复实施教学并不断循环。在这一环节，一方面要总结高校在创新型人才培养过程中的经验和教训，将有效的经验和措施形成标准，并以制度的形式确定下来；另一方面，对人才培养过程中尚未解决的问题集中起来，重新研究，找到有效的解决方法，转入下一轮 PDCA 循环中继续解决。

通过以上四个阶段的循环，逐步解决创新型人才培养中的质量问题，保障人才培养质量的持续提升。[①]

三、构建创新人才培养机制的 PDCA 循环

创新人才培养机制是打造创新人才高地的重要组成部分，也是城市依照国家政策方针，以创新人才为对象所实施的策划、组织、改进等一系列管理活动行为。借鉴 PDCA 循环原理对人才培养过程中的各要素分析，可以把创新人才

---

① 侯婧辉,郭卫云.基于PDCA循环的工程硕士培养质量研究[J].赤峰学院学报(自然科学版),2015, 31（8）: 231-233.

培养机制划分为创新人才培养规划、创新人才培养管理、创新人才培养质量评估、创新人才培养改革四个部分。以创新人才培养质量为主要评价指标，围绕质量管理的四个阶段，能够初步构建出创新人才培养管理机制。四个阶段相互促进，推动大循环，呈现出保障人才培养质量的螺旋式上升的结构。

四、基于 PDCA 循环的创新型人才培养教学质量监控

（一）健全制度，保障质量监控有章可依

应健全创新型人才培养质量监控制度，从督导到教务处再到二级学院，应建立一套完善的监控制度，并且把教学质量监控放在重要的位置。只有有规章制度作为保障，才能有章可依。制定符合本校办学特色、培养目标、学科定位的教学质量监控规章制度，学校的办学宗旨、培养目标应根据社会的需求不断改进。

（二）加强对实践课、网络课程的教学质量监控

对教学质量的监控应该全方位、多角度、宽层次。既要注重督导、教务处、二级学院、教职工、学生监控的权重分布合理，还要注意针对创新型人才培养存在较多实践课，学生参加实践项目、大学生活动、学生竞赛丰富的情况，有的放矢。创新型人才培养学生的学习不仅仅局限于课堂课本的学习，还有第二课堂以及社会实践的学习，这些学习的质量应是重点关注的。创新型人才培养是能说会做、理论与实践共同发展的全面型人才。教学质量监控也应丰富自身的评价标准，以帮助培养社会真正需要的人才为最终目标。针对受疫情影响，高校大面积铺开网络课程的情况，高校应该加快建设线上教育质量监控的步伐，线上教育给教师带来了多种多样的教学方式，进入师生群查看教师与学生课间与课后的辅导情况。网络课程指引学生通过网络自主学习，可以通过作业完成情况，项目完成情况考查学生是否认真学习，努力提升自我。

（三）加强教学质量监控

教学质量监控不是某一个人、某一个部门的事，而是全校各部门所有人员共同努力的目标，因此对教学质量监控的检查评价应该由多个维度的人员共同参与，教务处、督导的监控结果应该及时公示，对监控中发现的问题能够及时总结，对于监控中产生的问题应积极听取各部门的意见，精益求精。创新型人才培养在选择督导的时候不仅可以聘请全职教授作为督导，也可以根据校内经费情况，聘请兼职督导作为校外专家对教学质量监控提出意见。教师作为学校

的中坚力量应改变以往思维，把教学质量监控思想落实到自身，发挥主观能动性，对每个教学质量监控环节可能产生的问题，能够认真反思，主动解决。

（四）改进教学质量监控

对于教学质量监控中产生的问题，应落实到部门、落实到个人，及时改进。对于改进有效的方法可以扩展到全校共同学习，并且对质量监控反馈及时跟进的部门和个人予以充分的肯定。只有勇于承认错误，敢于承担责任，并且在改进中不断成长的团队才是有进步的团队。对于暂时不能解决的问题，则应落实到下一个 PDCA 循环加以解决。

第二节　基于 CDIO 理念的应用型人才培养机制

一、CDIO 概述

CDIO 工程教育模式是近年来国际工程教育改革的最新成果。从 2000 年开始，麻省理工学院、瑞典皇家工学院等四所大学组成的跨国研究获得 Knutand Alice Wallenberg 基金会近 2000 万美元巨额资助，经过四年的探索研究，创立了 CDIO 工程教育理念，并成立了以 CDIO 命名的国际合作组织。CDIO 代表构思（Conceive）、设计（Design）、实现（Implement）和运作（Operate），它以产品研发到产品运行的生命周期为载体，让学生以主动的、实践的、课程之间有机联系的方式学习工程。

CDIO 培养大纲将工程毕业生的能力分为工程基础知识、个人能力、人际团队能力和工程系统能力四个层面，大纲要求以综合的培养方式使学生在这四个层面达到预定目标。2008 年，教育部高等教育司发文成立 "CDIO 工程教育模式研究与实践课题组"；2016 年，在教育部原 "CDIO 工程教育改革试点工作组" 基础上成立 "CDIO 工程教育联盟"。

我国共有 105 所高校加入 "CDIO 工程教育联盟"。CDIO 的理念不仅继承和发展了欧美 20 多年来工程教育改革的理念，更重要的是系统地提出了具有可操作性的能力培养、全面实施以及检验测评的 12 条标准。瑞典国家高教署（Swedish National Agency for Higher Education）2005 年采用这 12 条标准对本国 100 个工程学位计划进行评估，结果表明，新标准比原标准适应面更宽，更利于提高质量，尤为重要的是新标准为工程教育的系统化发展提供了基础。

CDIO 包括了三个核心文件：1 个愿景、1 个大纲和 12 条标准。它的愿景为学生提供一种强调工程基础的、建立在真实世界的产品和系统的构思—设计—实现—运行（CDIO）过程的背景环境基础上的工程教育。它的大纲首次将工程师必须具备的工程基础知识、个人能力、人际团队能力和整个 CDIO 全过程能力以逐级细化的方式表达出来（3 级、70 条、400 多款），使工程教育改革具有更加明确的方向性、系统性。它的 12 条标准对整个模式的实施和检验进行了系统的、全面的指引，使工程教育改革具体化、可操作、可测量，并对学生和教师都具有重要的指导意义。CDIO 体现了系统性、科学性和先进性的统一，代表了当代工程教育的发展趋势。

二、将 CDIO 理念融入应用型创新人才培养机制中

随着我国高等教育改革的不断深化，如何适应我国"人才强国"战略，积极探索多元化人才培养模式，是高校必须重视的重大问题。从总体来看，绝大多数高校对培养应用型创新人才方面给予了一定的重视，也采取了一些有针对性的措施，但仍然存在一些不到位的方面。高校在培养应用型创新人才的过程中，应当深刻认识到 CDIO 理念的影响，坚持问题导向和系统思维，着眼于解决 CDIO 理念下应用型创新人才培养模式存在的问题，运用更加科学的方法和措施，将 CDIO 理念融入应用型创新人才培养工作中，推动应用型创新人才培养工作实现更大突破。CDIO 理念是当前国际先进的工程教育模式，已得到我国教育部的高度重视，在多所工程类本科院校"卓越工程师"计划中成功进行了试点实施。CDIO 理论在专业建设的过程中实现了本土化。

三、CDIO 理念下应用型创新人才培养模式的优化

（一）创新应用型创新人才培养思路

思路决定出路。在开展应用型创新人才培养工作的过程中，要想使 CDIO 理念得到有效落实，高校首先要在创新应用型创新人才培养思路方面狠下功夫，至关重要的就是在进一步强化学生理论与实践相结合能力方面加大力度，还要切实发挥学生的主观能动性，对应用型创新人才培养工作进行科学设计和系统安排，努力使其实现更大突破。

在具体的实施过程中，高校应当将"项目化"上升到更高层面，充分发挥方方面面的积极作用，努力形成良性循环；要大力加强应用型创新人才培养工

作的"融合性"建设，如在教学的过程中，为了使 CDIO 理念得到有效落实，可以将"小组合作学习"与"探究式教学"有效结合，通过"项目化"设计，引导学生发挥自身的主观能动性，不断强化对专业知识的理解与综合应用；要将"企业化"作为应用型创新人才培养工作的重要模式，根据企业的架构进行设计，使学生对企业的了解更加深入。

（二）完善应用型创新人才培养机制

健全和完善应用型创新人才培养机制，对更有效地开展应用型创新人才培养工作具有十分重要的基础性和保障性作用。因此，在落实 CDIO 理念的过程中，高校应当把完善应用型创新人才培养机制上升到战略层面，努力使其更加规范有序，还要在构建有效的资源融合机制方面加大力度；要大力加强"双师型"教师队伍建设，切实加强对教师的教育和培训，使他们对 CDIO 的理解和认识更加深刻，进而在组织实施、优化完善整改提升等方面实现更大的突破。[①] 完善应用型创新人才培养机制，需要大力加强"项目化"评价机制建设，应当包括语言表达能力、学生团队合作能力、项目运作、实现与结果、项目设计、项目构思等诸多内容。只有这样，才能使学生的综合素质得到培养和锻炼，也能够进一步促进应用型创新人才培养模式创新。此外，高校还要将 PDCA 循环应用于应用型创新人才培养中，运用 PDCA 循环不断优化和完善应用型创新人才培养制度，使其具有持续优化的能力。

（三）拓展应用型创新人才培养领域

将 CDIO 理念融入应用型创新人才培养中，高校还要进一步拓展应用型创新人才培养领域，特别是要采取多元化的方法和策略，最大限度提升资源整合能力，形成内部与外部的有效结合：要将 CDIO 理念与"校企合作"有效结合[②]，重视发挥企业的积极作用，如将"现代学徒制"作为"校企合作"的重要方式，突出企业人才的引领、带动、培养作用，不断强化学生的综合素质。[③]由于 CDIO 具有"闭环"的特点，在拓展应用型创新人才培养领域方面，高校

---

① 崔洪振，相启星，张伟，等.基于 CDIO-OBE 的毕业培养目标达成度评价方法研究——以"软件工程"课程为例 [J].计算机时代，2021（4）：98-100.

② 李佳诺.CDIO 理念下高职报关与国际货运专业学生竞赛培养体系的构建研究 [J].财富时代，2021（2）：53-54.

③ 柯于珍，沈琼.基于 CDIO 模式的高职"企业财务管理"课程教学设计 [J].中国多媒体与网络教学学报（中旬刊），2021（2）：76-78.

应当更加重视强化学生的可持续发展，可以将"双创"纳入应用型创新人才工作中，更重视培养学生的实践能力、操作能力以及适应发展的能力，如引入企业案例进行教学，适当更新陈旧的理论教学，重视新理论、新技术、新模式的教学，提升学生综合素质。[①]

第三节　基于校企协同育人的职业型人才培养机制

大学生正处于人生成长发展的黄金时期，在精力、体力、学习能力上均处于巅峰状态，对于大部分大学生而言，所接受的大学教育不仅会影响他们对于知识的理解和掌握，还会影响其对于职业生涯的规划和今后的发展。在创新驱动背景下发展企业与高校协同人才培养机制，可以开阔学生眼界，增进学生对于自己所学专业的了解，也可以提高高校人才培养质量。高校与企业人才协同培养模式为学生在不同情境下运用所学知识提供了条件，不仅有利于学生灵活运用所学知识，对于学生创新能力的培养也具有重要意义。[②] 但是高校与企业在协同人才培养机制上也存在许多问题，需要高校与企业不断讨论协调，从而促进高校人才培养质量的提高和企业的不断发展。

一、企业与高校协同创新人才培养机制的必要性和举措

大学生是促进我国经济全面发展和综合国力提升的中坚力量，少年强则国强，高校大学生的成长和发展对于国家意义重大。高校作为我国人才培养和孵化基地，在创新驱动大背景下实现高校与企业协同育人不仅可以促进高等教育与科技、经济、文化的有机结合，而且还有利于促进高校创新能力的提高和企业的发展。在我国目前企业和高校的合作中，主要通过企业参与部分人才培养过程的方式进行，主要包括就业衔接、校企共建、企业赞助、委托培养、合作培养五种形式。企业和高校协同培养人才的优势在于促进校企双方优势互补，弥补校方经费投入不足、实验室资源落后、科研创新和社会服务能力不足等问

---

① 张敬玲 . 基于 CDIO 理念培养高职生创新能力路径研究 [J]. 哈尔滨职业技术学院学报，2021（2）：76-78.

② 吕秋君，郭树东，路晓鸽 . 应用型本科院校学科专业与地方企业契合探析 [J]. 黑龙江高教研究，2013（12）：63-65.

题，同时可以为企业发展注入更多活力。①

此外，通过企业与高校人才协同培养这一模式，也为大学生在毕业前提供了一个良好的就业与实习平台，可以帮助大学生将自己所学知识在实际生活中灵活运用，同时通过企业提供的平台，大学生可以在实践过程中了解自己学习中的不足，进而促进自身发展。

（一）企业与高校协同育人有利于校企双方优势互补

随着时代进步和发展，社会对于人才的要求越来越高，高校毕业生不仅需要掌握扎实的理论知识，更应该熟练应用所学知识。企业与高校协同育人机制的形成可以将双方进行优势互补，既弥补高校经费不足、实验室资源落后等问题，又改进了高校人才培养方式，提高了高校人才培养质量。对于企业而言，校企协同创新的人才培养机制可以为企业提供大量的人才和技术，提高企业在市场上的竞争力。

企业和高校协同育人的目的在于培养创新型人才。创新型人才不仅需要掌握专业知识，更需要在实践中锻炼自身的观察能力、记忆能力、学习能力和思维能力。这些能力是创新能力的基础，不仅需要扎实掌握所学基础知识，还需要在实践中不断锻炼才可以形成。企业和高校协同育人机制可以同时发挥双方的优势和创造力，这样不仅可以促进高校大学生成长，对于高校人才培养模式也是一种创新。

（二）企业与高校协同育人是提升人才培养质量的关键

创新型人才有两种含义。广义上的创新型人才指具有创新能力，参与创新各个环节的人；狭义的创新型人才指具有新思想的人。高校和企业协同培养的创新型人才，指的是具有创新能力、可以参与各个创新环节的人。② 当前我国已经走过了粗放式的经济增长阶段，对于创新型人才的需求量日益增加，这就需要对我国以往的人才培养模式进行改革和调整，以提高人才培养质量。

大学生正处于人生中最为朝气蓬勃的阶段，学习能力非常强，高校和地方企业对于人才的协同培养可以使学生的知识结构更加立体化和多元化。同时，人才质量的高低不仅取决于知识的掌握程度和动手能力，关键还在于学生思维

---

① 孔祥年.新时代高校社会实践协同育人机制研究[J].学校党建与思想教育，2019（8）：86-88.

② 米银俊，许泽浩.协同育人推进地方高校创新创业人才培养[J].中国高等教育，2015（11）：30-32.

能力的培养。通过企业和高校的协同人才创新培养机制，可以提高学生在不同情境下对于知识进行转化和运用的能力，这样不仅加深了学生对于知识的掌握程度，而且培养了学生的发散性思维，为学生创新能力的发展奠定了坚实基础，有利于人才培养质量的提高。

（三）企业与高校协同育人为学生提供了良好的就业实习平台

优秀的就业实习平台在大学生的专业发展中具有重要作用，可以增长学生的见识，开阔学生眼界，也可以促进学生的专业发展。在创新驱动发展背景下发展企业与高校的人才协同培养机制，可以为该校学生的成长和发展提供良好的实习就业平台，让学生在学习专业知识的同时增加实践经验。对于在校大学生而言，学生可以在毕业之前对自己所从事的行业和工作有一个清楚的认知，加强对于所学专业的热爱程度。良好的实习就业平台对于学生能力的发展和以后的职业生涯规划有重要影响，对于还没有踏入社会的大学生而言，良好的平台不仅可以开阔学生眼界，而且可以奠定学生对于所从事行业的信心，激发学生对于本专业学习的热情。反之，如果没有良好的平台，学生容易产生自己所学知识与现实需要格格不入的错觉，导致学生对于本专业的学习产生无力感，甚至会影响学生对于自身的职业规划。

二、创新驱动发展背景下企业与高校协同育人培养模式纠偏

在创新驱动背景下开展企业与高校人才协同培养机制，不仅是企业发展的一次契机，也是高校人才培养注入活力，提高高校人才培养质量的关键手段。但是在企业与高校协同育人机制中还存在许多问题，这需要高校与企业加强协作，以促进高校与企业的人才协同培养机制更加完善，同时提高人才培养质量，促进大学生全面发展。[①]

（一）企业与高校协同育人机制需要完善组织体系

完善的组织体系对于高校与企业协同育人机制具有非常重要的意义，完善的组织体系是高校与企业在协同育人机制上有序进行的重要保证。针对目前我国高校与企业协同育人培养在组织上出现的问题，需要高校和企业共同努力。首先，要在高校和企业之间建一个可以长期合作且又比较稳定的合同，在开始建设高校与企业协同育人机制之前，就要建立一系列严密有序的组织体系，针

---

① 向永胜，袁金祥.应用型高校与地方协同育人运行机制研究——以浙江省四所独立学院为例[J].黑龙江高教研究，2019（6）：43-48.

对高校与企业在人才协作培养中可能出现的问题建立一套行之有效的管理制度，促进高校与企业协同育人机制的长期可持续发展。其次，为了使合作过程中出现的问题能得到及时合理的解决，高校与企业还应该相互协作，组建一个针对人才协同培养过程中出现问题进行沟通解决的部门，促进高校与企业在人才协同培养上的进步，提高高校人才培养质量。

（二）企业与高校协同育人机制需要建立全面的资源共享机制

高校与企业在人才培养上各有优势和劣势，建立高校与企业协同育人机制不仅可以改善高校经费投入不足、实验室资源落后的状况，还可以帮助企业培养大批优秀可靠的创新型人才，促进企业发展和进步。高校与企业合作，在科技研发上也可以发挥二者的长处，推进我国科研事业的发展和进步。但是在当前现实合作中，校企双方仍然存在资源共享壁垒，要想真正提高大学生创新能力，就必须打破校企在合作中的资源共享障碍，促进高校与企业的全面深度合作。①

在合作资源上，首先要发挥高校在科研资源上的优势，充分利用高校在科研上的技术优势；同时，发挥企业在资金上的优势。此外，在教学资源上，不仅要充分利用高校在师资力量上的优势，也要发挥企业从业人员的力量，延聘企业中具有丰富实践经验的行业专家为学生进行讲解和教学，以此来丰富学生的理论知识和实践经验。在课程体系设置上，也要积极参考企业从业人员意见，为学生创新能力发展奠定坚实基础。

（三）企业与高校协同育人机制需要拓宽支撑渠道

在高校与企业协同育人机制中，仅仅依靠高校与企业双方的支撑容易引发其他问题。

首先，高校与企业在人才培养上的诉求不同，会导致双方在创新型人才培养上产生意见与分歧。在这种情况下，就需要政府机构出面，针对双方的分歧进行调和，同时针对高校与企业协同育人机制中出现的合作范围和支撑渠道过窄问题，可以让政府出面提供各种机会，让教师与企业进行接触，推荐优秀教师到企业任教，或者延聘企业中优秀的实践人才指导在校大学生学习，促进在

---

① 马楠，曾玲晖，刘叶.基于协同创新的应用型本科高校创业教育模式研究[J].高等工程教育研究，2017（4）：146-150.

校大学生的成长和发展。①

其次，可以让政府牵线，扩展高校与企业的合作渠道，精准把控企业需求和高校需要，在双方出现争议与分歧时，可以通过政府进行协调，最终提高高校人才培养质量，促进高校学生创新能力的发展。此外，在高校与企业协同育人机制出现问题时，政府可以调动多方力量进行补救，在必要时，政府可以在财政资金上提供支持，促进高校与企业协同育人机制长足发展。

（四）企业与高校协同育人机制需要建立长效的校企沟通机制

大学生作为祖国的未来和民族的希望，是我国经济实力与综合国力长足发展的新生力量，高校和企业协同育人机制的成功与否对大学生的成长和发展具有重要影响。但是在校企合作过程中，不可避免地会出现一些问题，只有科学合理地解决高校与企业在协同育人过程中的问题，才能真正实现提高学生培养质量，促进企业发展。

高校与企业协同育人机制的前提条件就是高校与企业之间信息的交流与对接，高校与企业之间信息的通畅可以促使企业与高校之间的联系更加密切，对人才协作培养中出现的问题也可以及时发现和解决。因此，在高校与企业协同育人机制建设过程中，要建立一项全面的常态化的沟通机制，以便对校企合作人才培养过程中出现的问题进行及时沟通，促进高校人才培养质量的提高。首先，要建立高校与企业相结合的定期会议制度，对于高校与企业协同育人中出现的问题进行讨论与交流，促进协同育人机制的不断健全。其次，针对学生在人才协同培养制度中的表现和成绩进行定期发布，对协同育人机制的成效进行审视。最后，引入政府这一平台，对高校与企业协同育人的科研成果进行申报和转化，对校企双方不能沟通解决的问题进行干预与处理。

---

① 赵哲.高校与企业、科研院所协同创新的现状与对策——以辽宁高校为例 [J]. 现代教育管理，2013（6）：31-36.

第八章　人才培养机制的应用创新实践

第一节　人才培养机制的创新实践——以赤峰学院人才引培为例

一、赤峰学院人才引进和培养情况介绍

2020年，赤峰学院有专任教师1016人，其中博士206人，在读博士65人，具有正高级专业技术职称教师173人，享受国务院政府特殊津贴教师4人，自治区"有突出贡献中青年专家"2人，自治区"321"人才工程第一、二层次人选6人，"111"人才工程人选1人，中国工艺美术大师1人，自治区"草原英才"工程个人6人，自治区"草原英才"工程团队2个，自治区级教学团队5个，自治区教学名师9人，自治区级教坛新秀6人，赤峰市"十百千学术技术带头人"4人。

为深入贯彻党的十九大和十九届二中、三中、四中、五中、六中全会精神，以及《全面深化新时代教师队伍建设改革的意见》，落实中共中央、国务院印发的《中国教育现代化2035》，执行《内蒙古自治区人才引进和流动实施办法》(内政发〔2017〕77号)文件，根据《赤峰学院人才引进与培养工程实施办法》(赤院党字〔2017〕89号)等文件要求，推动人才强校战略的顺利实施，充分发挥人才在建设赤峰大学宏伟目标中的作用，按照2020年学校工作安排，制定《赤峰学院高层次人才引培及质量提升工程实施方案》。

近几年，根据《赤峰学院人才引进与培养工程实施办法》的总体要求，赤峰学院大力开展博士(博士后)等高层次人才引培工作，引培成效显著，使赤峰学院的博士教师队伍日益壮大。特别是2018年到2019年两年间，赤峰学院共全职引进博士教师66人(少数民族38人)，其中30岁以下的博士11人，

30～40岁的博士37人,40岁以上的博士18人;引进海外留学归国博士20人,引培国内985、211高校毕业博士生38人,赤峰学院近两年引培的博士研究生专业范围较广,涵盖了10个不同的学科领域。

二、赤峰学院人才引进原则

（1）坚持与学校发展目标和学科专业建设规划相一致原则。人才引进依据学校制定的学科专业与师资队伍规划进行,体现学科与专业发展建设需要的总体要求。

（2）坚持人才引进与创新团队建设相结合的原则。以学科专业建设急需紧缺人才为重点,同时全面考虑其他学科专业发展和新兴学科专业建设发展需求,积极培育和发展创新团队。

（3）坚持考核管理和注重实效相结合的原则。引进人才要依照国家的法律法规和学校的各项规章制度,根据实际需要,合理编制进人计划,科学设置人才标准,进行科学的考核测试,确保引进人才质量。

三、赤峰学院人才引进方式

（一）刚性引进

刚性引进即全职引进,是指通过学校公开招聘或考核程序后,采取正式录用或调入的方式引进人才。这需要学校到编制管理部门办理报编、批编手续;到人社局办理入编、报批工资手续等。最终应聘者将成为学校全额事业编制人员。

（二）柔性引进

柔性引进是指应聘者因受主客观条件限制,人事关系不转入学校,与学校签订聘用协议。柔性引进实行聘期制或一事一议。根据所签订的协议内容、时限、应聘者的层次、业务素质、工作能力和所完成额定工作任务量等情况,进行考核并落实相关待遇。

（三）高层次人才返聘制

学校根据工作的特殊需要,对退休的高层次人才,如国家和自治区教学名师、国务院特殊津贴专家、自治区"321"人才工程和"草原英才"最高层次人选、二级教授等,和其他紧缺急需人才实行返聘制。返聘人才要与学校签订聘用协议,实行聘期制或一事一议。

（四）人员聘任合同制

学校根据工作的特殊需要，采取合同制形式向社会公开招聘辅导员、实验员等。人员聘任根据《赤峰市财政局关于对购买辅助工作人员服务实行定点管理的通知》（赤财综〔2017〕100号）由劳务派遣定点管理。

四、赤峰学院人才培养原则与计划

（一）赤峰学院人才培养基本原则

贯彻"按需培养，学用一致，注重实效"的方针，坚持人才培养和个人贡献相结合、与工作效益相结合的原则，建立完善长期培养与短期培训相结合的多层次、开放型综合培养体系，推进人才培养工作的制度化、规范化。

（二）赤峰学院教师培养计划

1.高层次人才培养计划

构建定位明确、层次清晰、衔接紧密、促进高层次人才可持续发展的人才培养体系，有计划、有重点地培养一批学科带头人和教学名师。教学和科研奖励执行相关文件规定。

2."双师型"教师培养和奖励计划

实施"双师型"教师建设工程。除引进部分紧缺急需的高水平"双师型"教师外，尤其鼓励和推动教师结合自身专业特点，参加社会组织的认证类培训，取得相应的职业资格证书，达到符合"双师型"人才标准的专任教师，对获得证书者给予一次性奖励5000元；每年选派20名以上应用学科的中青年教师到相关行业、企业和社会组织进行一年的实践锻炼或开展合作研究，所选派的人员经考核优秀者在专业技术职称晋升和聘任时给予优先考虑。新进教师全部到行业企业见习一年；积极向社会聘任兼职"双师型"教师，按照略高于人才市场平均工资水平的标准给付所聘教师的工资；对长期兼职的优秀"双师型"教师给予特别荣誉和特殊奖励。

3.教师国内、（境）外研修支持计划

学校每年选送30名50岁以下中青年教师到国内著名高校、重点实验室、科研院所进行为期半年到一年的访问或进修；学校每年选送20名50岁以下中青年学术骨干到国（境）外著名大学进行3～6个月的学术访问、进修和合作研究。提升教师的教学科研水平，培养和造就一批师德高尚、视野开阔、创新能力强、发展潜力大的教学科研骨干。

4.教师学历提升计划

为进一步提高教师队伍学历学位层次和业务素质，优化师资队伍的学历结构，鼓励中青年教师在不影响教学科研工作的前提下，按照学校和单位的规划，在职攻读硕士、博士研究生，力争在 5 年内把具有硕士及以上学位的教师比例从现有的 57% 提高到 70% 以上。学校将保证在职攻读硕士、博士研究生教师的工资待遇。博士研究生学成归来后如确属短缺专业，则享受与引进同类人才的同等待遇，具有一般需要的人才给予 10 万元的奖励性资助并给报销读博期间的学费，但不给报销差旅费。

五、赤峰学院人才引培的工作思路

（一）加强领导，统筹规划

制定高层次人才队伍引进和建设规划，通过人才区分、发展定位，做好高层次人才队伍顶层设计和通道建设。按照学校学科专业发展规划对各学科和各领域人才需求进行合理规划和资源配置，杜绝短期规划和随意性，力求政策目标与学校发展相匹配、政策手段与学校条件相匹配、政策对象与学校需要相匹配。

（二）转变思维，注重实效

改变传统的人才引进模式。根据国家相关政策和学校学科专业发展规划，调整思路，在全职引进的同时加强柔性引进工作。

（三）完善政策，强化服务

制定精细化人才服务方案，明确高层次人才的范围对象，针对不同类型、不同层次的人才制定不同的人才（团队）引进与培育待遇和相关文件，科学合理地制定全职引进、柔性引进、外聘等相关的管理办法，不仅充分引才育才，还要用才留才。

（四）分类支持，分类管理

实施赤峰学院人才工程培育（支持）计划和教学科研人才储备计划，分类支持，分类管理，分类考核。学校全面实施"人才强校"战略，促进学校教育教学、科学研究的可持续发展，培养造就一批学术带头人、教学带头人和学术骨干、教学骨干，形成结构合理、视野开阔的学科、教学梯队。

六、赤峰学院人才引培的重点任务及具体措施

（一）突出质量提升的导向作用，实施高层次人才引进计划

根据学校学科专业建设和师资队伍建设的需求，坚持全局支持、重点支持、一般支持和特色支持的原则，优先引进一流学科、一流专业、重点实验室和紧缺专业急需的高层次人才，尤其要优先引进硕士点建设的亟须学科专业人才。

引进的人才以学校构建的文史类、师范类、医学类、理工类、经管类和艺体类等六大学科专业板块为方向，重点引进师范类、理工类和医学类的高层次人才，优先引进一流学科、一流专业人才，注重人才质量，突出结构优化导向，深入实施转型发展战略，加大引进应用型人才的力度。

引进的高层次人才必须具备较高的思想政治素质和职业素质，热爱教育事业，遵守法律法规及学校规章制度，爱岗敬业，治学严谨，具有良好的学术道德修养和敬业精神。引进对象主要面向具有较高学术素养和一定学术声望、取得过高水平学术成果、能促进学校事业发展的学科和专业带头人、学术骨干以及各学科发展所需要的优秀人才。

赤峰学院引进高层次人才范围包括四个层次。

第一层次：中国科学院院士、中国工程院院士、中国社会科学院学部委员、海外著名学术机构的外籍院士、国家有突出贡献的中青年专家、国家"新世纪百千万人才工程"入选者、"长江学者奖励计划"特聘教授、国家重点学科带头人、国家重点实验室负责人等优秀人才或具有同等水平的海外专家、学者及留学归国人员。

第二层次：具有教授或研究员以上职称，属于省级有突出贡献的中青年专家、"新世纪优秀人才支持计划"入选者、"高校青年教师奖"获得者、国务院特殊津贴专家、自治区"321人才工程"和"草原英才工程"最高层次人选、省级重点学科带头人或具有同等水平的海外专家、学者及留学归国人员。

第三层次：学校重点打造学科专业领域的博士、博士后或具有同等水平的海外专家、学者及留学归国人员；学校非重点打造的学科专业领域有特殊潜质而具有难得性的优秀博士、博士后或具有同样难得性的海外专家、学者及留学归国人员；学校学科专业发展特别需要的业内知名人士；学校推进应用型人才培养急需的高水平"双师型"人才。

第四层次：学校急需紧缺的博士研究生。

（二）统筹兼顾，实施人才培育（支持）计划

按照学校师资队伍建设和学科专业建设发展要求，根据有利于学科专业建设和促进教师全面发展的原则，坚持德才兼备的标准，统筹规划、合理布局，有步骤、有计划地培养优秀中青年教师在职攻读博士学位，促进教师队伍整体素质的提升。学校计划每年鼓励 20 名左右具有硕士学位的青年教师在职读博，并与学校签订《赤峰学院定向培养博士研究生协议书》。

启动赤院英才工程，加大人才和团队培养（支持）力度。学校每 3 年确定一批人才培育计划建设项目——特聘教授培育计划；自治区教学名师培育计划；一流学科、一流专业、一流课程负责人支持计划；学术骨干、教学骨干支持计划。培育（支持）计划建设周期一般为 3 年，学校通过个人申报、部门推荐、专家论证、公示等环节遴选人才培育（支持）计划建设项目。

（三）注重应用，实施"双师"建设计划

以培养应用型人才为宗旨，以提高教师队伍的专业实践能力和育人能力为重点，深化教育教学改革，强化培养培训，实施政策引导，加强规范管理，构建长效机制。努力建设一支教育理念先进、专业知识扎实、创新能力强、实践经验丰富，能满足学校转型发展和培养应用型人才需要的"双师双能型"教师队伍。

坚持专职与兼职相结合、培养与引进相结合、学校与行业单位相结合、请进来与走出去相结合，理论与实践并重、教学能力与实践能力并重、育智与育德并重、考取资质证书与专业能力培训并重的原则。

设立流动岗位，引进急需的"双师双能型"教师，吸引有创新实践经验的企业管理人才、科技人才和海外高水平创新人才以及非遗传承人来学校全职工作，学校按规定确定工资总额，用于发放流动岗位人员工作报酬。流动岗位人员通过公开招聘、人才项目引进等方式被正式聘用的，签订聘用协议，一年一聘。

（四）柔性引进，实施教授外聘计划

为全面实施人才强校战略，加强对外合作与交流，进一步加快人才队伍建设，不断提高教育教学水平，根据学校应用型人才培养和学科专业建设的实际需要，实施外聘教授计划，并出台《赤峰学院柔性引进人才管理办法》。

广泛联系柔性引进高端人才或团队，争取国家级教学、科研奖励的突破，

为赤峰大学建设补齐短板。

赤峰学院的外聘教授分为名誉教授、客座教授、兼职特聘教授和兼职教授。聘任条件为，在所从事的学科、行业或领域已取得显著成绩，并有一定的知名度和影响力；具有讲授本科课程的教学经验或实践指导经验；在课程教学或实践教学指导方面能起引领和示范作用，能对学校的人才培养、学科专业建设、教学科研水平提高及增强办学实力等方面做出贡献；原则上是在职工作人员，个别聘请的退休人员年龄一般不超过65周岁，且身体健康。

启动"鸿雁驿站"计划，广纳赤峰籍的海内外人才，举办"鸿雁论坛"，开办"赤子大讲堂"，为建设赤峰大学汇聚人才。

（五）整合资源，凝练创新人才团队

进一步整合校内外资源，积极推进学校与科研机构、行业企业、事业单位的合作，充分利用"鸿雁驿站"资源，以多方力量促成项目合作或平台的搭建，对接行业中骨干企业的新技术、新需求，为创新人才及人才团队的凝练整合资源。在人才使用上以"突出重点、带动整体"为原则，以重大、重点项目为切入点，培育自治区创新团队和国家创新团队的后备力量。

（六）注重人才考核，完善人才评价机制

为实施"人才强校"战略，保证高层次人才引培工作高效、有序、规范进行，确保高层次人才队伍的质量，切实发挥高层次人才在教学、科研及学科建设中的作用，结合学校实际情况出台《高层次人才考核工作实施办法》，高层次人才考核工作采取校院两级负责制，坚持两级管理和考核，坚持标准，全面考核，严格程序，发挥人才评价的"指挥棒"作用，以考核保质量，使赤峰学院高层次人才引进与培养工作进入良好的发展轨道，真正发挥高层次人才在建设赤峰大学宏伟目标中的作用。

七、赤峰学院人才引培保障措施

（一）落实工作责任

坚持"党管人才"原则，落实党委人才工作责任制，形成党委统一领导，组织人事部门牵头抓主要有关部门各司其职、密切配合，各用人单位发挥重要作用的人才工作新格局。

学校成立人才工作领导小组，完善人才工作顶层设计。学校党委加强对高层次人才工作的领导、统筹、协调和指导，明确学校、院所和各职能部门的职

责权限，健全人才工作机构，成立人才工作办公室，切实加强人才工作队伍建设。各二级学院党总支书记（直属支部书记）要认真履行抓人才工作第一责任人职责，对本单位人才工作负全责，同时要注意解决制约本单位人才发展的重点难点问题，实行人才工作项目化管理。各部门各单位要结合实际，制订本部门本单位人才工作三年计划。

建立人才工作督查督办制度，实行定期调度，及时提醒约谈，严格追责。实行人才工作目标责任考核，建立人才工作目标责任考核体系，完善人才工作年度述职制度，将人才工作纳入二级单位部门党政领导班子和领导干部实绩考核，考核结果作为领导班子评优、干部评价的重要依据。开展人才政策"进部门（单位）"集中宣讲活动，加大政策宣讲解读力度。

为保证实现学校总体目标，学校要对人才引进与培养工作进行跟踪监督，确保二级学院的师资队伍建设目标能够顺利完成；将师资队伍建设的量化指标纳入二级学院领导班子考核指标体系，不定期对二级学院人才培养工作实施情况进行督促检查；加强对引进与培养对象的考核，适时掌握履职情况，进行目标管理。

（二）加强政治引领吸纳

推进党委成员联系服务专家工作，开展领导干部服务联系人才活动，充分发挥党组织凝聚人才服务人才作用。深入开展"爱国、奋斗"精神教育，引导各类人才增强"四个意识"，坚定"四个自信"，做到"两个维护"，巩固共同思想政治基础；引导广大人才把"个人梦""团队梦"和"中国梦"结合起来，激发爱国之情、强国之志、报国之行。注重政治吸纳，积极做好从优秀专家中推荐党代会代表、教代会代表，加大在高知识群体中发展党员力度，加强政治引领，积极举荐政治坚定、业务突出、群众认同的高素质人才，努力为党外代表人士搭建参政议政平台。

（三）强化政策支持，确保"人才工程"有序开展

学校在人才引培、科研团队组建、职称评审、课程分配等具体工作中形成完善的配套政策和措施保障，确保人才工程按规划有序开展。学校党政领导高度重视，认真落实党管人才的各项政策要求，充分认识到人才队伍建设是学校最根本的建设，进一步加强和改进对人才引进与培养工作的领导，统筹协调，强化政策支持，及时发现和解决人才引进与培养工作中遇到的新情况、新问题。各有关部门要各司其职、密切配合，为实现学校新一轮跨越式发展，提供

强有力的政策保障和支撑。

（四）强化条件保障

人才工作需整合全校资源，顶层设计，上下联动，统筹规划，打开"引人""育人""用人""留人"的全方位通道，相关部门合力创造开放、合作、竞争的人才环境，突出质量提升及结构优化导向，举全校之力为"高层次人才引培及质量提升工程"护航。

（五）加强经费保障

加大教师引进与培养资金投入，逐年提高人才引进培养经费比例，设立人才引进培养基金，确保教师培训和各项人才计划、人才工程的经费投入落实到位。在保证经费投入的基础上，积极争取自治区党委、政府和赤峰市市委、市政府人才培养专项资金和社会资金，支持学校各项人才培养计划。设立1亿元人才专项资金，用于支持"高层次人才引培及质量提升工程"。

根据赤峰学院2020～2025年的高层次人才引培及质量提升目标，做好人才统计工作，加强人才需求分析，科学预测资金的需求量，包括安置费、科研启动金、人才培育（支持）计划、人才创新团队以及人才工作运行等费用。学校要充分利用自治区的人才政策，积极争取自治区人才专项资金，结合学校人才事业发展需要，加大人才投入力度，将人才工作专项资金列入年度预算。制定人才工作专项资金管理使用办法，提高资金使用效益。

（六）加强宣传引导

充分利用区市两级主要新闻媒体的"振兴发展靠人才"的专栏，在校园网（官网）设置"人才风采"专栏，积极宣传党中央人才工作决策部署及自治区具体工作部署，宣传区市和学校人才政策创新举措，宣传优秀人才事迹，讲好人才故事，传播人才声音，在全校积极营造识才、爱才、敬才、引才、用才、育才、留才的良好氛围。

（七）严格进人程序，确保人才引进和培养质量

学校每引进人才都要成立专门的评审考核工作小组，由相关专家和教授组成，在人才工作委员会的领导和人才工作办公室的指导下开展工作。人才工作办公室要对应聘者进行严格的资格审查，审查合格者交由人才评审考核组进行考评，人才评审考核工作小组对拟引进人才进行讲课答辩等方式的考核，并做出负责任的评价报告，院长办公室要在人才工作小组报告的基础上进行决策，对决定要引进的人才由人事处按相关规定办理报批手续。

第二节　应用型创新人才培养中的学科交叉融合机制

一、应用型创新人才与学科交叉融合

随着经济社会的不断发展，新时代应用型人才培养模式的提出顺应了当前经济社会发展的趋势，更加强调人才培养的学科交叉渗透和协同创新合作。[①]

（一）应用型创新人才培养的内涵和重要性

培养具有创新意识的应用型人才，是当前我国社会经济快速发展对创新人才需求的具体表现。社会的发展使学科之间的融合度越来越高，多学科交叉融合是目前高校学科发展的主流趋势。应用型大学的学科建设和发展必然需要适应我国社会经济发展需求的人才培养方式，尤其是"跨学科协同创新能力"培养成为重要的关注点。因此，应用型人才培养更要强化跨学科协同创新导向下的人才培养体系的构建和完善，这也是应用型创新人才培养转型发展的意义所在。

（二）学科交叉融合的重要性

所谓的学科交叉融合是在多个学科间或同一学科内进行的概念移植、理论渗透、方法借用等的跨学科活动，从而形成的新的科学问题研究和人才培养体系。与单一学科的人才培养模式不同，学科交叉融合体现出跨学科性和综合创造性导向。针对应用型人才培养，学科交叉融合强化了不同学科间或同一学科的知识整合，通过学科间的概念、理论和技术方法的耦合作用，为实践教学活动奠定知识基础；综合创造性则通过打破单一学科知识的边界，激发更多应用研究领域的创新性意识和思维活力。

在以区域性、地方性和行业性的人才需求为指向下，应用型人才培养在学科交叉融合作用下实现多学科的理论基础知识、实践技能和技术应用的交叉和融合，获得多学科视野下对解决实际问题的新观点、新认识，从而为高层次应用型人才培养奠定创新思维与意识。

[①] 董樊丽，张兵，聂文洁.高校学科交叉融合创新体系构建研究[J].科学管理研究，2019，37（6）：18-23.

学科交叉融合是当前高校的学科发展的必然趋势，也是高校进行新兴学科建设以及特色和优势学科进行创新发展的重要途径。当前，我国诸多高校向应用型大学转变，因此建立完善的面向高层应用型人才培养的学科交叉融合机制成为这些高校的当务之急。

自 20 世纪 80 年代以来，国际高等教育界一直重视实践教学，并不断地强化应用型人才的培养。当前，我国诸多高校，尤其是应用型大学开始依托自身的学科优势，结合所在区域特色，在教育教学改革的探索上更加注重实践环境的营造。应用型人才培养有别于注重理论性知识教学的理论型人才培养，更为强调理论与实际应用相结合，强调技术应用和实践技能。这就要求应用型大学在教学改革中转变思想观念，紧紧围绕应用型创新人才知识、能力、素质协同发展的目标要求，在管理体制、学科建设、教学模式和课程体系等各方面改革中培养学科交叉融合的意识，突破学科和学校管理体制障碍与壁垒，积极探索面向应用型人才培养的多学科交叉融合的有效途径，从而全面激活高校的创新活力，实现具有理论创新、应用创新和技术创新能力的高层次应用型人才培养目标。

学科交叉融合强调在对不同学科自身发展规律及存在差异的遵循和认知的基础上，积极突破学科及学科内各领域之间的知识边界，融会贯通各学科、各领域之间的概念、理论和方法，进而构建一种相互渗透、聚合和共享的学科交叉融合机制，最终形成新的学科发展点，挖掘出新的科学问题，构建新的人才培养体系。[1] 因此，学科交叉融合不仅是新学科、新科学、新技术的重要增长点，更是拔尖创新人才的主要孵化器。以学科交叉融合为基本驱动力，积极探索以培养创新素质为核心的应用型人才培养模式，是当前国内外高校人才培养的重要举措之一。[2]

自 20 世纪末以来，我国高校以学科交叉融合为基础的教学实践和人才培养理念不断得到强化。尤其是近年来，在不断加强自身优势学科建设的基础上，国内应用型大学开始注重与所在区域的经济社会发展特色相结合，更强调学科交叉融合内外环境的建设，以此推动学科交叉融合发展和强化人才培养体系改革。因此，基于学科交叉融合的特点和作用，探索面向应用型和创新型人

① 谢正发.学科交叉融合应用型人才培养模式中的协同创新 [J].文教资料，2019（20）：121–122.

② 郭福生，叶长盛，陈平辉，等.多学科交叉融合的地学工程人才培养模式探索与实践——以东华理工大学为例 [J].中国地质教育，2020（2）：1–7.

才培养的学科交叉融合思路，进而阐述以跨学科协同创新为导向的人才培养措施，并提出基于学科交叉融合的应用型人才培养机制，为应用型高校人才培养体系的建设和完善提供有益参考。

二、学科交叉融合在应用型人才培养中的定位

应用型人才培养的定位特点体现在"突出理论基础、突出区域特色、突出实践技能、突出技术应用"。随着社会经济的发展，无论是社会问题还是自然科学问题的复杂性，都难以通过单一学科研究所获得的创新方法和成果加以解决，只有通过学科交叉融合或通过跨学科研究提供的创新思路和创造性方法，才是解决当代社会科学或自然科学问题的有效途径。因此，应用型大学的高层次应用型人才培养必然需要完善的多学科交叉融合体制机制的支撑。反之，应用型大学的学科交叉融合机制建设必然要求围绕着应用型人才培养的定位特点开展。具体而言，建立一种面向应用型人才培养的学科交叉融合机制要以服务地方和行业的人才需求为导向，以培养理论基础知识、实践技能素质和技术应用能力全面协调发展，面向生产、建设、管理、服务一线的高层次应用型人才为目标定位。

三、学科交叉融合的应用型创新人才培养机制

（一）优化资源，建立应用型人才培养理念

确立"人才为主体，新技术为驱动，学科融合为核心，校企协同为支撑"的应用型人才培养理念，优化整合校内外资源，构成层次分明，学科理论和实践模块既各有侧重又相互渗透、互相促进的协同创新框架。

（二）协同创新，构建应用型人才培养体系

坚持以协同创新实践平台为中心，确立以学科交叉融合提升创新能力为方针的应用型人才培养方案。第一，将学科交叉融合理念融入整个人才培养体系，推进应用型人才培养体系的建设和完善；第二，积极整合校内外各主体和不同学科的优秀资源，建立完善的跨学科创新实践课程内容体系；第三，以学科交叉融合为视角，积极改革学科管理体制和人才考核方式；第四，强化以学科交叉融合为导向的协同创新科学研究和技术应用，加强跨学科知识主体和创新主体的知识与技术耦合，促进协同创新实践平台的完善。

（三）结合学科发展的新方向、新趋势，建立以多学科交叉融合为基础、协同创新为重点的学科组织体系

在此基础上，紧密结合行业人才需求和学术发展前沿，通过跨学科协同创新活动对学科发展的推进作用，完善符合学科特色、应用型人才特点以及有利于人才个性化发展的应用型人才培养体系。

四、应用型创新人才培养机制中学科交叉融合的关键措施

多学科交叉融合是一种跨学科整合的协同创新活动，这些活动是在不同学科或同一学科内进行的概念嵌套、方法借鉴和理论渗透。实践证明，跨学科整合能够有效激发出新的科学问题和形成新的研究方向。由此可见，协同创新及跨学科整合是学科交叉融合人才培养体系构建的两个重要支柱，是区别于单一学科人才培养模式的主要标志。因此，针对应用型人才培养体制机制的建设和完善，学科交叉融合的关键措施主要体现在以下三个方面。

第一，创新学科管理体系，打破学科之间的隔阂。传统的学科管理体系是以各个学科为主干形成的树状管理架构，各个学科按其自身的主方向自我发展而形成孤岛。创新学科管理体系要紧紧围绕应用型人才培养的特点，以跨学科整合为纽带，以地方、区域、行业服务为核心，充分融合多学科的理论知识和技术应用，重视协同创新实践活动，形成应用型人才培养的长效机制。

第二，建立健全绩效考核机制，增强知识主体与创新主体跨学科整合的意愿和能力。进一步强化多元化的考核方式设计，改变单纯以科研或教学成果为核心的评价机制，围绕应用型人才培养目标，构建一种跨学科整合及应用型人才绩效评价体系。

第三，构建基于协同创新应用与实践平台的跨学科协同创新。协同创新应用和实践平台的构建是改革和完善应用型人才培养体系的重要支撑。因此，应用型人才培养体系中的跨学科协同创新机制必须以平台为基石。一方面，在平台的创新学科管理体制中，强化各创新主体的理论知识、实践技能和技术方法的交叉渗透和合作，形成多元参与的跨学科协同创新体系；另一方面，以平台为中心，建立校内外各知识主体和创新主体的紧密联系，形成协调联动、相互促进、协同创新、合作共赢的跨学科人才培养机制。

五、学科交叉融合的应用型创新人才培养创新策略

在新形势下，应用型大学在学科发展和建设中亟须转变思想观念，紧紧围

绕应用型人才的理论知识、技术应用、实践技能协同发展的主要目标，进一步增强在跨学科协同创新框架下高校和人才的学科交叉融合的意识，扫除现行学科管理、学术组织运行考核评价与激励、产学研合作等体制机制中的障碍，积极探索促进学科交叉融合机制建设的路径，实现应用型创新人才的培养目标。因此，确立学科交叉融合、优势资源整合及协同创新平台是应用型人才培养的三个支柱。

在应用型人才培养中，只有充分利用学科交叉融合，寻求不同学科优势的结合点，发挥校内外知识创新主体和技术创新主体在科学研究、学科建设、人才培养中互补和协同合作中的优势，通过学科交叉融合将获取的创新科研成果转化为创新资源，从而推进应用型人才创新意识、创新思维和创新素质的发展，进而有效激发创新活力、提升创新效率，最终推动拔尖人才和突破性成果的涌现。

参考文献

[1] 赵志强 . 创新型人才培养 [M]. 石家庄：河北教育出版社，2005.

[2] 余江舟 . 创新文化视角下的人才培养模式研究 [M]. 沈阳：辽宁大学出版社，2019.

[3] 汪东风 . 专业特色创新人才培养理论与实践 [M]. 青岛：中国海洋大学出版社，2016.

[4] 刘建国 . 创新型人才培养与高等教育改革 [M]. 北京：中国文史出版社，2005.

[5] 孙英梅，栗红侠，侯英杰 . 高校实践育人与创新人才培养 [M]. 沈阳：东北大学出版社，2016.

[6] 杨灿明，熊胜绪，杨丽萍 . 实验教学与创新型人才培养 [M]. 武汉：湖北人民出版社，2011.

[7] 马周琴 . 新建本科院校教学管理创新研究 [M]. 北京：团结出版社，2018.

[8] 班秀萍，叶云龙 . 全面质量管理与高校人才培养 [M]. 长春：东北师范大学出版社，2017.

[9] 蔡兵，赵超，史永俊，等 . 创新与产学研合作 [M]. 广州：广东经济出版社，2010.

[10] 柳学智，冯凌 . "高精尖"人才培养机制研究 [M]. 北京：党建读物出版社，2017.

[11] 赵红，詹晖，田佳 . 经济环境与高校人才建设培养研究 [M]. 长春：吉林大学出版社，2020.

[12] 刘有升 . 基于三螺旋理论的高校创业型人才培养机制研究 [M]. 厦门：厦门大学出版社，2019.

[13] 李广龙 . 基于 PDCA 循环的大学生创新创业训练计划项目管理研究 [J]. 高教学刊，2016（24）：11-12，15.

[14] 祁红岩，常国祥，李满 . 基于 CDIO 理念的应用型创新人才培养模式研究 [J]. 价值工程，2017，36（2）：189–190.

[15] 张博阳，张艳鹏，于长兴，等 . 创新型人才培养模式改革研究 [J]. 中国培训，2017（4）：36.

[16] 任飚，陈安 . 论创新型人才及其行为特征 [J]. 教育研究，2017，38（1）：149–153.

[17] 黄明东，李炜巍，黄俊 . 中国产学研合作发展现状及对策研究 [J]. 科技进步与对策，2017，34（19）：22–27.

[18] 仲小瑾 . 大学生科研参与现状及提升策略研究 [J]. 老区建设，2017（14）：89–92.

[19] 周琼 . "产学研" 协同创新视角下创新人才培养研究 [J]. 新经济，2016（3）：27.

[20] 刘彭芝 . 创新：教育发展的根本动力 [J]. 创新人才教育，2016（1）：5.

[21] 刘蕴 . 基于产学研合作教育视角下的高校创新人才培养研究 [J]. 经济研究导刊，2013（7）：272–273.

[22] 许实霖 . 关于创新型高技能人才培养的几点思考 [J]. 职业，2013（21）：51–54.

[23] 曲继方 . 谈创新型人才的个性培养 [J]. 教学研究，2013，36（3）：1–8，123.

[24] 姚美娟，汪利 . 产学研合作视角下应用创新型人才培养研究 [J]. 黑龙江教育（高教研究与评估），2020（8）：90–92.

[25] 胡博 . "新工科" 下高校创新创业人才培养质量提升机制 [J]. 山西大学学报（哲学社会科学版），2020，43（4）：132–136.

[26] 郭卫云，曹新江 . 基于 PDCA 循环的应用型人才培养模式探索 [J]. 内江科技，2020，41（10）：9–10.

[27] 计红，韩笑 . 高校教师开展创新创业教育素质与能力提升策略 [J]. 产业科技创新，2019，1（18）：123–124.

[28] 吴贤文，向延鸿，李佑稷，等 . 基于学科交叉融合的复合型创新人才协同培养模式探索 [J]. 实验室研究与探索，2020，39（10）：146–148，194.

[29] 王一 . 基于 PDCA 循环的应用型人才培养教学质量监控研究 [J]. 经济研究

导刊，2020（30）：115-116.

[30] 吴琳琳.高校教师开展创新创业教育的素质与提升策略 [J]. 教育现代化，2018，5（52）：36-38.

[31] 陈大军.产学研一体化合作内涵建设与发展特征 [J]. 合作经济与科技，2019（4）：132-133.

[32] 张海生，张瑜.多学科交叉融合新工科人才培养的现实问题与发展策略 [J]. 重庆高教研究，2019，7（6）：81-93.

[33] 王良，刘晨歌.高校教师创新创业教育教学能力建设研究 [J]. 未来与发展，2019，43（11）：99-102.

[34] 杨征宇.基于产学研一体化的高等工程教育模式创新研究 [J]. 江海学刊，2009（6）：97-101，239.

[35] 张妍，覃丽君，易金生.论创新型人才培养模式的构建 [J]. 天津市教科院学报，2017（6）：15-18.

[36] 戴小芳，贝金兰."双创"背景下高校教师创新创业教育教学能力建设 [J]. 现代经济信息，2018（14）：431，433.

[37] 李佩桦，谭永宏.创新本科院校教学管理，促进本科教育改革 [J]. 华夏教师，2018（26）：88-89.

[38] 齐航，李涛.基于 PDCA 循环的高校创业人才培养研究 [J]. 山东理工大学学报（社会科学版），2021，37（4）：97-101.

[39] 徐玉菁.基于 CDIO 理念的应用型创新人才培养模式研究 [J]. 大学，2021（22）：102-104.

[40] 刘婷婷，涂修忠，李雪白.基于问题意识的高校创新型人才的培养 [J]. 才智，2012（19）：249.

[41] 温凤媛，白雪飞.高校创新型人才培养模式研究 [J]. 现代教育管理，2012（10）：88-91.

[42] 林力.新建本科院校教学管理模式的创新研究 [J]. 西南农业大学学报（社会科学版），2012，10（11）：264-265.

[43] 胡强，潘植华，葛曼曼.创新型人才培养模式探析 [J]. 赤峰学院学报（自然科学版），2013，29（17）：189-191.

[44] 汪东风，王富龙，孟祥红，等.基于"科研—教学连接体"的创新实践体

系的构建与实践 [J]. 实验技术与管理，2015，32（3）：21-24.

[45] 宁志刚，唐慧. 关于创新型人才培养模式的思考 [J]. 黑龙江教育（高教研究与评估），2015（6）：73-75.

[46] 沈莉芳. 新建本科院校教学管理体制改革创新 [J]. 教育与职业，2015（16）：27-29.

[47] 李湘萍. 大学生科研参与与学生发展——来自中国案例高校的实证研究 [J]. 北京大学教育评论，2015，13（1）：129-147，191.

[48] 尹贻林，王美玲，邓娇娇. 基于产学研合作教育创新的应用型人才培养机制研究——以天津理工大学工程造价专业为例 [J]. 科技管理研究，2015，35（13）：56-61.

[49] 赵丽莎.CDIO 理念下的应用型创新人才培养模式探究 [J]. 赤峰学院学报（自然科学版），2015，31（16）：206-207.

[50] 李志敏. 新建本科院校教学管理创新刍议 [J]. 东北农业大学学报（社会科学版），2006（1）：83-85.

[51] 饶惠. 论创新人才的培养 [J]. 重庆交通学院学报（社会科学版），2006（4）：28-30.

[52] 刘培育. 培养创新人才是成人高校的任务 [J]. 北京成人教育，1999（2）：6-7.

[53] 许青云. 高校创新型人才培养研究 [J]. 国家教育行政学院学报，2010（3）：11-14.

[54] 孙媛媛. 谈创新型人才培养的模式和途径 [J]. 传奇·传记文学选刊（教学研究），2010（8）：92-93.

[55] 李希光. 新建本科院校教学管理制度创新研究 [J]. 中国教育学刊，2015（S2）：11-12.

[56] 缴海光. 在创新教育中教师应具有全新的素质教育观念 [J]. 天津成人高等学校联合学报，2004（3）：21-23.

[57] 郭瑞，马韶君. 基于 PDCA 循环的创新人才培养机制研究——以深圳市坪山区为例 [J]. 创新人才教育，2020（4）：34-38.

[58] 马青香. 校企协同育人视角下创新人才培养机制探究 [J]. 安徽电子信息职业技术学院学报，2021，20（1）：97-101.

[59] 陈少沛. 基于学科交叉融合的应用型创新人才培养机制研究 [J]. 科教文汇

（上旬刊），2021（4）：1-2.

[60] 朱强 . 交叉学科视野下的大学生创新能力培养研究 [D]. 济南：山东大学，2017.

[61] 李晓林 . 地方本科院校应用型人才培养研究 [D]. 武汉：长江大学，2017.

[62] 初国刚 . 产学研合作创新型人才培养模式和机制研究 [D]. 哈尔滨：哈尔滨工程大学，2018.

[63] 何桂强 . 高校创新型人才培养模式的研究与实践 [D]. 长沙：中南大学，2002.

[64] 王艺璇 . 科学研究支撑大学人才培养体制研究 [D]. 沈阳：沈阳师范大学，2019.

[65] 熊枫 . 科学研究支撑大学人才培养政策研究 [D]. 沈阳：沈阳师范大学，2019.

[66] 史慧 . 高校创新人才培养模式研究 [D]. 天津：天津大学，2015.

[67] 侯丽霞 . 我国高校创新型人才培养问题研究 [D]. 沈阳：沈阳师范大学，2011.

[68] 肖莉 . 基于 CDIO 理念的应用型创新人才培养模式研究 [D]. 昆明：云南民族大学，2012.

[69] 李君 . 我国基于卓越工程师培养的产学研合作教育研究 [D]. 天津：天津大学，2010.

[70] 曾嵘 . 面向高等教育产学研合作培养模式研究 [D]. 哈尔滨：哈尔滨工业大学，2012.